日本開国の原点

ペリーを派遣した大統領
フィルモアの外交と政治

大島正太郎

日本経済評論社

ミラード・フィルモア肖像

出所：米国議会図書館

はじめに

一八五三年七月に米国海軍提督マシュー・カルブレイス・ペリー（Matthew Calbraith Perry）が四隻の海軍艦艇を率いて浦賀沖に来訪し、江戸幕府に開国を求めたことが、それまで二世紀余りにわたって「鎖国政策」を続けていた日本が近代国際社会の一員となるきっかけとなった経緯については既に多くが語られている。

この日米関係にとっての最初の事件を国際関係の中の出来事という視点で見れば、ペリー提督は日本への海軍遠征隊を率いた米国東インド艦隊司令官であり、同時に、日本との交渉のために派遣された米国の外交使節でもあり、その両面をもっていたことに一つの鍵がある。すなわち、「使」としての来日は、ペリーが日本の開国という米国の政策目標実現のために米政府から派遣されたのであり、その活動は日本に対し遠征隊派遣を決めた当時の米国大統領ミラード・フィルモア（Millard Fillmore）の外交政策を遂行するものであったということである。

時のフィルモア政権が日本の門戸開放を政策として追及することとした理由とその内政外交

上の背景はいかなるものであったかを知ることは、ペリー来航による「和親条約」締結（一八五四（嘉永七）年）の後、数年を経て「修好通商条約」（一八五八（安政五）年）に結実した日米間の外交関係と開国後の、ひいていえば今日に至るまでの、日米関係の軌跡を知る上で多くの示唆があると思われる。

ところが、一般には「ペリーによる日本開国」という見方が定着しているようである。この見方は、そもそも米国の外交政策は大統領が最終責任者として決定するという基本に照らして違和感がある。なぜペリーの功績ばかりに注目が集中し、彼を派遣した大統領の功績は無視されているのか？

この疑問の答えを求めて当時の米国史を紐解くと、不思議なことにフィルモアが日本開国政策を決めたことに焦点を当てた資料はほとんどない。それどころか、フィルモアは米国史上忘れられてしまったと言えるほど、影が薄い。したがって米国の外交政策として着手された日本開国政策の背景を調べるためには、フィルモア大統領がその後の米国史において全く忘れられてしまった経緯を調べることから始める必要がある。たまたま、筆者がこの作業をしている過程で、百年以上も前にウィリアム・エリオット・グリフィス[1]という米国の歴史家の残した資料を「発見」したが、彼はフィルモアについて、日本開国の功績[2]のみならず大統領としても忘れられているがやがて正当な評価を受けるであろうと予測した。[3] しかしグリフィスの期待は外れ、今日に至っても日本開国に当たってのフィルモアの役割に焦点を当てた資料は出ていない。

フィルモアが歴史上忘れられた結果、日本開国はペリーの功績という評価が固まってしまった感がある。もちろん、知将としての誉れ高いペリーの戦略的構想と現場での交渉手腕によって目的が達せられたのであるから、ペリーの業績を軽んじることはできないし、筆者にはその意図もない。ただ、ペリーが当初の目的を達成し帰国した後に自らの監修のもとで議会に提出した報告書（『ペリー艦隊日本遠征記』[4]）が、彼の業績を評価した米国上院により破格の待遇で出版され広く流布したことにも助けられ、また、フィルモア自身の評価が芳しくなく忘れ去られてゆく中で、ペリーが日本を開国したという見方が米国で定着したと言える。その結果、ペリーの報告書の中の自分中心に書かれた偏向が世上そのまま受け入れられてきた感もある。[5] たしかにペリーは本国政府から大幅な裁量を与えられていた。しかし、それに加え、ペリーが日本に到達する数か月前に本国ではフィルモア大統領がすでに退任し、交代した民主党フランクリン・ピアース（Franklin Pierce）大統領の政権は日本開国にあまり熱心でなかったことから、ペリーがこの両政権の間隙を縫ってさらなる行動の自由を見出したと言える。

ペリー自身の認識はともかく、米国の日本開国政策がフィルモア大統領の主導した政策であったことは、フィルモア政権がオランダに対し米国が派遣した遠征隊を日本現地で、つまり長崎出島の商館長が、支援するよう外交上の要請を行っていることからも明らかである。このオランダの役割についてもペリーがその報告書でオランダの本音は米国を出し抜くことであると批判していることが背景にあるのか、日本開国を巡る当時の米国とオランダとの外交上のやり取りの実態について言及した資料もほとんどない（一九四二年に編纂された国務省の米蘭関係史料集を例外として[6]）。

フィルモアは一八五二年十二月の議会提出「大統領年次教書」の中で、数週間前に出航したばかりの遠征隊日本派遣を初めて公に報告し、合わせてオランダ国王による支援表明に感謝を表明している。憲法上の規定に従い大統領が毎年議会に提出する「教書[7]」は、当時は文書で議会に提出されていたが、最近では毎年一月末に大統領が議会合同会合で行う「一般教書」演説と言われている。今日、世界中が大統領「一般教書演説」の内外政策に注目するが、建国以来「教書」で日本という国が米国との関係の対象として初めて表れたのがフィルモアの一八五二年の「年次教書」であった。しかも日本への遠征隊派遣が「年次教書」で初めて報告されたことは日本開国政策が大統領の主導のもとに進められていたことを如実に示している。ちなみにこの教書で遠征隊の司令官について、海軍の最高位の将官とは言っているがペリーの名は出していない。大統領から見れば自分の政策を遂行する使節に過ぎなかったからかも知れない。

本書では、米国による日本開国政策とそのための日本遠征隊派遣はフィルモア大統領の決定による外交政策であることを、政策決定過程とオランダに支援を要請した外交努力について史料によって明らかにする。そのためまず、当時大統領まで務めた政治家フィルモアが米国史上忘れられた存在になってしまった理由を明らかにする必要がある。特に、フィルモアが大統領として直面した内政上の挑戦、すなわちアメリカ合衆国建国時から内包されていた奴隷制の是非をめぐる南北諸州間の対立抗争に対するフィルモアの政治姿勢が、彼の歴史的評価を低くした背景であることを理解することによって、米国の日本遠征隊派遣決定から日本が開国により近代国際社会の一員となるまでの日米関係の歴史が当時の米国内政と複雑にかかわっていることを明らかにする試みである。

目　次

序章　知られざる大統領フィルモアと米国憲政

日本の開国は、一八五三年七月米国のペリー提督が黒船艦隊を率いて浦賀に来航し、江戸幕府に開国を求めたことが端緒となった。ペリーは、久里浜で幕府側に日本の開国を求めるフィルモア大統領親書を手交した後、回答に時間を与えるためとして一旦日本を離れ、翌年二月末再度来航し幕府と横浜において交渉することとなった。そして、一八五四年三月に「日米和親条約（Treaty of Amity and Peace）」が締結され、開港という意味での開国が決まった。

米国の要求に対し、幕府は、それまでの外国勢力による開国への働きかけをすべて一蹴したのとは異なり、直ちに峻拒することはせず、交渉することを選択した。その背景には、黒船艦隊の無言の威力があったことは当然としても、この時米国が、「大統領」という国家元首にして最高指導者が親書をもって要請してきたことに幕府は米国の本気度を見たと言える。日米間の最初の外交交渉は、大統領「国書」の手交・受領で始まった。

幕府が米国の「国書」を重視したことは、老中阿部正弘が幕府としていかに米国の要請に対

DELIVERY OF THE PRESIDENT'S LETTER

図序-1　大統領書簡手交の図

1853年7月14日、久里浜の急ごしらえの応接所で
フィルモア大統領親書をペリーが幕府側に手交

出所：米国議会図書館HP
（https://www.loc.gov/pictures/item/2003689057/）

し答えるべきかについて主要大名の意見を求めるという、二百年余りの江戸幕府の歴史においてに前例のなかったことを行った際、ペリーが手交したフィルモア大統領の親書を訳して供覧したことに表われている。

　徳富蘇峰の『彼理來航及其當時』によれば、「……七月朔日《ぐわつついたち》に至りては、幕府家門《ばくふかもん》、及《およ》び国持外様《くにもちとざま》、譜代詰衆《ふだいつめしゅう》、奏者番各席《そうじゃばんかくせき》へ、亜米利加合衆国書翰《あめりかがっしゅうこくしょかん》の翻訳書《ほんやくしょ》を示《しめ》し、忌《き》諱《き》を憚《はゞか》らず、其《そ》の意見《いけん》を建議《けんぎ》せしめた[1]」、「其の配布したる文書《ぶんしょ》、即《すなは》ち米国《べいこく》の書翰《しょかん》なるものは（英文が本書であるは云ふ迄《まで》もないが）原書《げんしょ》を漢文《かんぶん》とし、又《ま》た別《べつ》に蘭書《らんしょ》を添《そ》へてあった。[2]」

　米国が「国書」によって大統領の意向であることを明確にして日本に開国を求めることとしたことは、フィルモア政権が採用した外交手段であった。一八四四年にオランダ国王が将軍に国書をもって開国を働きかけた前例があるが、同じ国書であっても、九年後の米国の国書に対する幕府の対応は、オランダの時とは全く異なったものとなった。かつてオランダに対して当時の幕府は、国書の受領確認は行ったものの内容的には要請を拒否し、しかも二度と国書のような公文で働きかけをしないよう厳しく釘を刺した。ペリーの携行した米国大統領親書を受け取った時の幕府は、オランダの国書の拒否から十年近い間に起こった国際環境の激変等もあり、米国の国書を踏まえ、対米交渉を行うこととした。

米国によって日本の開国が緒に就いたという歴史を振り返るにあたって、砲艦外交ともいうべき基本戦略と現場での巧みな交渉戦術を展開したペリーの功績は否定されるべきものではないが、米国大統領ミラード・フィルモアが政策を主導し、ペリーに親書を託して黒船艦隊という海軍遠征隊を派遣した経緯に注目することが必要である。特に注目されるべきことは、この政策がペリーを東インド艦隊司令官に任命する一年近くも前、一八五一年の年央に決定されていた事実である。

かくして本書では、ミラード・フィルモア第十三代米国大統領が日本開国政策を決定した経緯を、フィルモア大統領がその後忘却されてしまうこととなった米国政治史の文脈の中から、取り出して示すことで、日本の開国に至る過程でのフィルモア大統領の貢献を評価する。

日本開国政策決定に至るまで

フィルモア大統領が日本開国政策を決めた一八五一年という十九世紀の中葉において、米国は一七八八年に制定された「アメリカ合衆国憲法」で連邦共和国となって六十年しか経っておらず、欧州の列強からすればまだ新興国に過ぎなかった。当時の国際社会では「七つの海を支配する」大英帝国が、産業革命を経て覇権を一段と強化し、その全盛期とも言われた時代であった。[3]

特に東アジアでは、英国がアヘン戦争に勝利し「南京条約（Treaty of Nanking）」（一八四二年締結）によって中国から大きな権益を獲得し、影響力を拡大しつつあった。米国も英国の後を追うように、産業革命を経験しつつ経済発展を進め、中国市場にも関心を高め、一八四四年「望厦条約（Treaty of Wanghia）」を締結し中国市場参入への地歩を固めていた。

この頃米国では、国内各界が鎖国中の日本への関心を徐々に高めており、日本の門戸開放のため艦隊を派遣するべきであるといった提言も行われるようになっていた。特に、当時米国捕鯨船が日本近海の北太平洋を最大の漁場として活動しており、時には遭難船員が日本に上陸したところ、官憲に拘束される事件もあった。遭難船員の中には救出され本国に戻った後、日本当局から過酷な仕打ちを受けたと喧伝した者もあり、日本に制裁を加えるべきだとの世論が高まりつつあった。

しかし、一八四〇年代の米国では、建国以来の大陸西方への領土拡大はあったものの、その最西の国境はミシシッピー川流域からロッキー山脈までであり、この広大な内陸地方の海への出口はメキシコ湾を含めた大西洋であった。この頃日本を視野に入れ始めた米国民は、北部諸州の産業界、特に通商関係業界や捕鯨業界というニューイングランド地方、あるいはニューヨークといった大西洋に面した地域の経済界であった。彼らから見て日本という国は、地理的には大西洋からインド洋を経た、文字通り「極東」、中国のさらに遠方にある存在であった。

ところがフィルモア政権が日本開国政策を決定した時点では、米国にとっての東アジアの位置関係が大きく変わっていた。画期的であったのは、一八五〇年九月にカリフォルニアが連邦を構成する「州（state）」として「アメリカ合衆国（the United States of America）」に編入され、「合衆国」が太平洋岸地域を包含することになり、米国が「太平洋国家」となったことであった。このことによって、米国の内外政策の地理的視野に全く新たな方向性が加わり、「東アジア」は東の遠方にある「極東」ではなくなり、米国から見て太平洋の西の対岸、それも蒸気船によればかなり近い地となった。

地理的に新たな形を持つようになった米国の国政をあずかることになったフィルモア大統領

としては大陸横断鉄道の構想を取り上げるなど、既存の三十州とロッキー山脈によって隔てられ一種の飛び地であった、第三十一番目の州カリフォルニアの、米国本体との経済的社会的な統合を進める諸施策を講じることが課題となった。その一環として、カリフォルニア州と太平洋の対岸にある東アジアとの通商関係を強化することで同州の発展を図る必要が意識された。そして東アジアとカリフォルニア州とを結ぶ航路の要に位置する日本の開国が喫緊の課題として浮上し、やがてペリーの日本派遣に繋がった。

つまり、この時米国が太平洋の対岸に位置することが意識された日本に開国を求める政策を推進するようになるには、カリフォルニアが連邦を構成する「州」として認められることが先決であった。

しかし、米国にとってカルフォルニアの「州」昇格の道のりは極めて困難なものであった。そもそもカリフォルニアの地が米国の領土の一部となったのは、第十一代大統領ジェームス・ポーク（James Polk）が民主党政権の基本路線に則って米国の南方での領土拡張を目論み、一八四六年に始めた隣国メキシコとの戦争に勝利し、講和条約（「グアダルーペ・イダルゴ条約 The Treaty of Guadalupe Hidalgo」一八四八年五月発効）によって広大な領地の割譲を得たからであった。この時米国が獲得した領土は、それまでの国土のおよそ三分の一に匹敵した。しかも、一八四八年一月、すでに米国の事実上の支配下にあったに同地で金が発見され、ゴールドラッシュと言われた多数の人々の流入が起こり、自治政府が設立され、一八四九年にはカリフォルニアの現地から「州」として連邦への編入を求めた要請が行われた。

ところが、米国憲法上各州は上院に議員二名を送り出せることになっていたので、もしこの新州が奴隷制を認めない自由州として連邦に加わると、それまで上院では奴隷州と自由州それぞれ十五州ずつとなって均衡が保たれていたが、その均衡が崩れ、連邦上院における南部諸州の立場が不利になりかねなかった。南部諸州は、一旦均衡が崩れればいずれは奴隷制そのものの廃止に至ることになりかねないことを危惧し、カリフォルニアの自由州としての編入に強硬に反対し、新規に獲得した領土から将来連邦構成州が編入される際には、その州が奴隷制を容認する余地を残す原則の確立を求め、奴隷制のこれ以上の拡大に反対する北部諸州の世論と対立し、連邦の在り方をめぐって南北両地域間の対立抗争が激化した。

一八四九年三月、このような論争に厳しさが増していた中で、前年十一月の選挙の結果政権が代わり、ホイッグ党のザカリー・テイラー（Zachary Taylor）が第十二代大統領に、ミラード・フィルモアがその副大統領に就任した。テイラーは奴隷制の拡大に反対であった党内急進派の支持を得ていたのに対し、フィルモアは穏健派に属していた。新大統領は南部諸州との関係についての政策路線の異なるフィルモアを政権運営から遠ざけ、急進派の立場からカリフォルニア州の自由州としての連邦編入を強く推進した。この結果テイラー大統領は南部諸州の激しい反発を受けたが、軍人上がりであったこともあって、武力衝突も辞さない強硬な態度で臨み、南部諸州と一層対立を深め、南北対立が厳しくなり、連邦分裂・内戦必至とも言われはじめた。まさにその時、一八五〇年七月初旬、大統領テイラーが病で急死し、副大統領であったフィルモアが図らずも第十三代大統領に昇格した。

大統領に就任したフィルモアは、同じホイッグ党出身ながら奴隷制拡大に反対する前任の路線を大きく変更し、連邦統一維持を最優先し、南北間の妥協策を追及した。フィルモアの下で米国史上「一八五〇年の妥協」と言われる妥協が成立し、連邦の統一が維持され、事態収拾に成功した。この結果、今日のアリゾナ・ニューメキシコ両州に当たる新規獲得領土には将来奴隷制を認める余地を残すこととなったことの見返りとして、カリフォルニアを自由州として連邦に編入することが認められ、一八五〇年九月フィルモア大統領の署名によって関連法が成立した。これをもって「アメリカ合衆国」は、太平洋岸に位置する「州」を包含することとなり、「太平洋国家」としての地位を確保することになった。

奴隷制の地域的拡大については前任と異なる政策を推進したフィルモア政権であったが、内外政策一般については、ホイッグ党の伝統に即して、通商の拡大・産業の興隆を中核とする国内経済の発展を追求した。そして、国内においては、新たに連邦に加わった太平洋岸のカリフォルニア州が、ロッキー山脈以東の三十州との統合を進める両地域間の輸送時間・距離短縮の施策として、大陸横断鉄道構想の推進や、大西洋・メキシコ湾と太平洋とを分かつ中米地峡地帯に鉄道を敷く構想を支援した。

さらに、カリフォルニア州の経済発展に資するために、対外経済政策の一環として、同地と中国市場を結ぶ蒸気船による太平洋航路の整備、そのために必要とされる石炭の補給拠点確保の観点から、日本において、補給のため港の使用を認めることが市場の開放よりも重視され優先された。この通商を中心に据えたホイッグ党の対外経済政策は、ポーク民主党政権の下ですすめられた南部農園農業経済に基盤を置く奴隷制に適した土地を狙っての軍事力による領土拡張政策とは大きく異なった路線であった。

なお、日本の開国を推進する際、ラゴダ号遭難船員が救出され帰国した結果、日本による過酷な仕打ちが喧伝されたので、米政府としてこれに反発する世論を見据えて、国際社会の規範に従っていない日本に開国を働きかけ文明社会に導くという目的も、米国が進めた政策の正当化に活用された。このように、フィルモア政権の日本開国政策の目的には、補給拠点としての開港、遭難船員の庇護確保、市場の開放があったが、実際の政策遂行にあたっては海軍にゆだねたこともあり、当面の最大の狙いが日本の港を補給拠点とし蒸気船の活用による効率的な太平洋航路の確立であったと言える。

米国を取り巻く国際情勢の変化

米国が新たに「太平洋国家」の視点から日本を見るようになった頃、日本を取り巻く国際情勢は、それまで東アジアに漸進的に影響力拡大を図っていた英・仏・露という欧州列強の隙をつく余地と好機を米国に与えていた。もとより英国が「南京条約」で中国より香港の割譲等大幅な権益を獲得して以来、欧州列強は中国の次は日本と言わんばかりに鎖国中の日本への関心を高めていたが、一八五〇年代の半ばに英仏両国とロシアは「クリミア戦争（一八五三―五六年）」と呼称されたユーラシア大陸規模の覇権争いを行っており、世界各地で戦闘を展開していたので、日本に軍事力を集中して圧力をかけ開国を迫る余裕はなかった。

英仏対露の戦争は、米国が列強に先んじて日本に開国を働きかける大きな機会を提供していた。この関連でフィルモア大統領が、ペリーを日本に派遣するに合わせ、欧州では唯一日本との交流の歴史を持つオランダに対し、ペリー遠征隊への日本現地での支援を外交的に要請したことは注目に値する。ペリーの帰国後の報告書である『ペリー艦隊日本遠征記』[4]において、ペリーはオランダに対する強い不信感を表明しているが、フィルモア政権はオランダを信頼していた。当時オランダとしても、覇権国英国との対抗という面で米国に近い立場にあったことから、当初米国の裏をかこうとするような複雑な動きをとったものの、最終的にはオランダは幕府に対し米国との間で少なくとも「開港」を受け入れることを勧め、ペリーと幕府の合意を容易にし、日本の開国に繋がった。まさに、外交を優先し、通商関係拡大の中に日本を位置付けたフィルモア大統領の外交政策を特徴づける措置であった。

遠征隊出航後の政権交代

一八五二年十一月の大統領選挙において、民主党のフランクリン・ピアース（Franklin Pierce）が勝利し、翌年三月第十四代大統領に就任し、ホイッグ党政権との政策の継続性は失われた。ピアース政権は既に日本遠征の途上にあったペリーを呼び戻すことはしなかったものの、ペリーに新たな訓令を与え新政権の政策として積極的に推進することもなかった。既に日本に向かっていたペリーから見れば、本国とはすでに遠く離れており本国の新政府の意向をあまり気にしなくとも良くなっていたと言える。

また、オランダとの外交関係についても、ピアースが駐オランダ公使に任命した民主党の重鎮で金融界の大物であったオーガスト・ベルモント（August Belmont）[5]の関心は、欧州列強を動かし、スペインからキューバの独立を確保するという民主党の南方政策に対する貢献であり、前任の公使ジョージ・フォルサム（George Folsom）[6]とは異なって日本開国におけるオランダの役割についての関心は薄かった。

ピアース大統領、その後任のジェームス・ビュキャナン（James Buchanan）第十五代大統領と二代続いた民主党政権の下での外交の力点は南方への領土拡大の思惑が優先し、中南米・カリブ海方面での勢力拡大におかれ、日本との関係についてはペリーの締結した「日米和親条約」の規定に基づき、下田に領事として着任したタウンゼンド・ハリス（Townsend Harris）に任せた状態にあった。

そのハリスは、外交関係樹立を求めて幕府と交渉し一八五八年に「日米修好通商条約（Treaty of Amity and Commerce）」の締結に成功し、幕府はこの条約の批准書交換のため、一八六〇年に「遣米使節団」をワシントンに派遣した。就任四年目のブキャナン大統領はこの、丁髷《ちょんまげ》・佩《はい》刀《とう》の武士団よりなる一行を大歓迎した。この年の五月二十四日に行われた批准書の交換をもって日米両国間に外交関係が公式に樹立された。[7]

しかし、その数日前に共和党（一八五四年に結党され、ホイッグ党から分かれた急進派を中心とする北部反奴隷制勢力を結集した新党）が、アブラハム・リンカーン（Abraham Lincoln）を大統領候補に指名したばかりであった。これにより、米国の政局は一挙に、後世「南北戦争（The Civil War）」と呼ばれた内戦[8]に向かって急速に進んでいたが、このことは米国で見聞を広めていた

「遣米使節団」の視野には入っていなかった。

日米関係の歴史から見れば、外交関係樹立が米国における南北戦争勃発までに完了していたことは、日本にとって大きな僥倖であった。米国は一八六一年から四年間に及ぶ凄惨な内戦、その後の戦後処理、すなわち南部の「復興」のための連邦（北）軍による南部諸州の軍事占領、が続いた十年余りの期間は、米国として幕末維新の時期の日本に積極的に関与する余裕が乏しかったからである。一方で幕末維新の激動期に、英仏が日本に関与し、日本の開国については先陣を切っていた米国は後れを取った。しかし、既に日本と外国との関係の基本的枠組みが、米国との間で最初に導入された最恵国待遇条項の下にあり、英国を含めいずれの国も他国より有利な条件を引き出すことができなくなっていた。

フィルモアによる「妥協」の功績

大統領退任後の政治家フィルモアは、基本的には政治からは引退していたが、南北の妥協による連邦統一の維持優先という政治信条は変わっていなかった。一八五六年の大統領選挙が、民主・共和二大政党間の争いとなった中で、フィルモアは北部穏健派の一部を支持層とする第三党から立候補し惨敗した。次の一八六〇年の大統領選挙で勝利した共和党リンカーンが翌年三月大統領に就任した後、内戦が勃発したが、フィルモアは個人的には奴隷制に反対しており、バッファローに居て当然のこととして連邦政府を支持した。

しかし、一八六四年にリンカーンが二期目を目指す選挙の際、フィルモアは連邦維持優先の立場から、南部諸州との妥協によって早期に戦争を終結するよう主張した北部民主党の大統領候補ジョージ・ブリントン・マクレラン（George Brinton McClellan）の支持に回り、リンカーン政権を批判する立場をとった。そのようなフィルモアの姿勢は、特にリンカーン暗殺後に政権を担った共和党急進派の不興を買い、彼に対する厳しい評価はその後定着していった。

なお、フィルモアが、大統領として影が薄いと前に述べたが、米国人による歴代大統領の評価ランキングでは極めて低い[9]。実は、歴代で一番評価の高いのはリンカーン大統領であり、これに対し、フィルモアはリンカーンの直前の大統領であり史上最低とされるビュキャナン、その前任のピアースとともに最下位の五人の一人となっており、南北戦争についての際の政治姿勢が重要な評価基準となっていると言える（ビュキャナン大統領に至っては、『史上、最低の、大統領（Worst. President. Ever.）』という表題の伝記があるほどである）[10]。

世論一般では今日でも評価の低いフィルモアではあるが、最近では一部歴史家の間で再評価が始まっている。特に、米国の南北戦争直前の歴史を取り上げたデイヴィッド・ポッター（David M. Potter）はフィルモアの大統領としての業績の評価を巡る、後世の歴史観の問題を次のように指摘している。

（フィルモア大統領がもたらした「一八五〇年の妥協」も、所詮南北間の戦争を十年先延ばしにしたにすぎないとの見方を踏まえ）しかし、十年先延ばしになったことにより、その十年間に、連邦（北部）側において、物理的な力、結束の強化、そして技術的資源の増大をもたらしたことにより、最も深刻な挑戦（南部の離脱・統一維持のための戦争）に対しはるかに効果的に対処することを可能にした（ことを忘れてはならない）。

北部は、十年間先延ばしによって具体的に損したことはほとんどなく、むしろ反奴隷制、および連邦維持にとって有利に作用した。しかし、この「妥協」は、その当時も、また後世の歴史家によっても、主として反奴隷制の立場から、……批判された。反奴隷制の立場からは、「妥協」は、それがもたらした結果（十年の間の国力増進）によって評価されることがあったとしても、その意図において決して評価されることはなかった。[11]

この評価を解釈すれば、憲法が内包した南北間の妥協として連邦制の国の南部地域だけに奴隷制を容認したことは、今様の用語でいえば一種の一国二制度であったのであり、時代とともに国の統合が進むにつれ、体制上の矛盾が地域間の対立と緊張を強め、結局一方の制度をもって統一し一国一制度になるか、双方が離別し二国（二制度）になるかの二者択一しかなくなる、しかも内戦必至ともいわれた一八五〇年の時点で北部は、経済的にも軍事的にも南部に全面戦争で勝利する用意はできていなかったが、十年後に先延ばしできたので、その間に北部の国力が飛躍的に高まり、南部を屈服させる力がついた、という意味である。

南北間の妥協による事態の一時的な収束というフィルモアの業績を、反奴隷制という理念からすれば奴隷制の温存につながったという意味で否定されて然るべきであるが、妥協にも実際上は積極的な意義があることを見逃してはならない、とポッターは述べ、いわゆる「勝者の歴史観」の陥りがちな過ちに注意を喚起したのである。

要するに、日本の開国を米国の歴史の中で見た場合、世上で広く受け入れられている感のある「ペリーによる日本開国」ではなく、カリフォルニア州の連邦編入、「太平洋国家」としての米国の登場という政治的基盤を自ら作ったフィルモア大統領による政策が功奏しているのであった。また、当時の国際情勢の中で、外交的にオランダに支援を求めたことがペリーの交渉を裏から支援することに繋がった。このようにフィルモア大統領の貢献は大きい。

日米関係の創生期の歴史を今日改めて振り返るにあたり、政治家フィルモアに対する後世の歴史家による低い評価に左右されることなく、彼が偶然かつ短命の大統領であったにもかかわらず、与えられた内外の機会を捉え、米国内で彼の登場以前からあった各方面からの日本への関心を政府としての本格的な政策として取りまとめ推進したことを客観的に理解することが重要である。

以下では、まず第一部で政治家フィルモアが副大統領になり、偶然にも大統領になるまでを、当時の米国情勢の中で見る。本題を扱う第二部では、大統領となったフィルモアが、「一八五〇年の妥協」を成立させ、その後に日本遠征隊派遣を決定し、最初に任に充てたオーリック提督が解任された後任にペリー提督を充てたこと、さらにはウェブスター国務長官の訓令でフォルサム在オランダ米国公使をして、オランダ政府より日本遠征隊支援を取り付けるよう働きかけたこと、他方国内では「一八五〇年逃亡奴隷法」の履行で北部奴隷制反対論者より厳しく非難されたこと、その経緯もあり一八五二年の大統領選挙にホイッグ党候補になれなかったこと、などの経緯をたどる。第三部では、フィルモアが退任してから南北戦争までの約十年を、日米関係の観点から概観し、特に一八六〇年の「万延元年遣米使節団」を歓迎したワシントンの状況を見ることで、「日米関係創生期」ともいうべき日米両国の最初の関係樹立過程がフィルモアからリンカーンが登場するまで、ちょうど米国で内戦が危惧されてから十年間先送りされるまでの間に完了していたという日本にとっての幸運を明らかにする。

第一部

一八〇〇－一八五〇

政治家フィルモアが大統領になるまで

第一章　米国建国の基礎「アメリカ合衆国憲法」の功罪

日本に開国を求めるため海軍遠征隊派遣を決めたミラード・フィルモアはどのような大統領であり、なぜこの政策を推進したのか、また、彼が日本について政策決定するためには不可欠だった「一八五〇年の妥協」はなぜ米国政治史上画期的であったのか。これらの問いに対する答えを探るためには、大統領になるまでの二十年余り地元ニューヨーク州および中央の政界で活動していたフィルモアが、どのような政治家であったかを見ること、また、フィルモアの大統領就任直後の功績である「一八五〇年の妥協」を米国政治史の文脈の中で見ることが先決である。

憲法が容認した奴隷制

フィルモアがまとめた「一八五〇年の妥協」が必要となった遠因は、「アメリカ合衆国憲法」

に内包されていた一種の矛盾にあった。そもそも「合衆国」の建国は、北米大西洋岸にあった十三のそれぞれ自治を行っていた英国の植民地が結束して一七七六年に本国からの独立を宣言し、十三の主権国家としての「国（state）」よりなる国家連合として、独立戦争に勝ち抜き独立を達成したことに起源がある。しかし、国家連合という政治体制は、旧宗主国英国との関係あるいは経済統合推進などに合理性を欠いたので、十三の「国」が、新たに一つの主権国家、政治体制としては「連邦国家」として統合を進めるために、連邦設立条約として締結した「アメリカ合衆国憲法」（一七八八年、十三の「州（state）」のうち所定の九の「州」が「（条約）批准」をした時点で発効）によって連邦制共和国としてアメリカ合衆国が誕生した。

連邦憲法締結交渉の際、南部諸「国」の奴隷制の扱いが問題となり、多くの議論の結果、十三「州」を連邦として統合することのほうが優先されるとして、そのままで連邦構成州として連邦に取り込むことで妥協が成立した[1]。

「合衆国憲法」が奴隷の存在を前提としたことは、例えば「奴隷人口の五分の三を自由人の数に加えるという、第一条二節三項の規定[2]」に現われている。この規定では、各州選出の下院議員数の配分を州の人口数によるとした上でその人口数には基本的には「自由人（free Persons）」の数に「他のすべての人の五分の三（three fifth of all other Persons）の数を加える」ことで算出することを明示し、間接的表現ながら、奴隷は〇・六人として数えるとしている。さらに、

第四条二節三項では、逃亡奴隷について「一州において、その州の法律によって役務または労務に服する義務のある者は、他州に逃亡しても、その州の法律または規則によってかかる役務または労務から解放されるものではなく、当該役務または労務を提供されるべき当事者からの請求があれば、引き渡されなければならない」と規定している。（ただし、前の条項は一八六八年の憲法修正第十四条において、後者の条項は一八六五年の修正第十三条において廃止された。）

なお、一七八七年に連邦議会の前身である連合議会は、英国から独立達成時に米国に割譲され「属領」となった十三州以西でミシシッピ川までの広大な領土について、将来住人が増大し一定の条件を満たせば、新たな「州」として連邦への加入を認める「北西条例（The Northwest Ordinance）」を採択した。[3] この条例は、五大湖の南、オハイオ川の北と西、ミシシッピ川の東の地域を「北西属領（The Northwesr Territory）」と規定し、その地にできる「州」における奴隷制を禁止した。他方、この条例の反対解釈として、該当地域の南の「属領」では「奴隷州」が認められるとの「暗黙の了解があった」[4] ので、これも南北諸州間の妥協の反映であった。

「建国の父祖」たちの時代

「合衆国」建国以降しばらくの間は、十三州が半ば相互に独立した政治経済上の単位であったこともあり一部の州で行われていた奴隷制度が中央政界で問題になることはなかった。また、当時の「合衆国」の指導者は、後世「建国の父祖（the Founding Fathers）」達と呼ばれた、啓蒙的な政治理念を持つ政治指導者であったが、その多くが南部に位置するヴァージニア州の出身であり、初代大統領ワシントンも第三代ジェファソンも奴隷所有者であった。つまり、「合衆国憲法」そのものが、奴隷制についての妥協を内包していたので当分の間は南北諸州間で奴隷制の是非が問題になることはなかった。

しかし、「合衆国」上院は、当時は各州二名が州議会によってその州の代表として選出され、連邦政府の運営に関与する仕組みになっており、奴隷制度の帰趨が国政上の懸案になるにつれ、南部諸州側は、上院での南北諸州、奴隷州と自由州、の間で選出議員数が均衡を維持することに腐心した。（一八二〇年までに奴隷州は新たに連邦に加入した五州を加え計十一州となったが、その間新たな自由州も加入し、双方の間に数的な均衡が保たれていた。）

時期的には「建国の父祖」の時代の後期にあたるが、一八一八年に当時スペイン領であったフロリダを巡り、米国がスペインに対し、現地での原住民の統制が不十分であるとの口実で圧力をかけ、交渉の末にスペインが譲歩し資金供与との引き換えで同地を米国に割譲することに合意した（一八一九年締結の「アダムス・オニス条約 Adams-Onis Treaty」）。フロリダはその後、一八四五年に奴隷州として連邦に加入したが、南方での領土拡大は南部諸州にとって望ましい効果を持つ事例であった。

「ミズーリの妥協」

米国が、経済発展を遂げ人口も増大し、西方の未開拓地への移住も増えていくとともに、国家としての統合が進むにつれ、北部において同じ国の南部において奴隷制がなお存在していることへの批判が高まることとなった。一方、南部においては、西方地域に移住が進み、属領の一部が自治を進め、州として連邦への加入を求めるようになったのに伴い、新規加入州の多くが自由州になれば、将来、自由州対奴隷州の均衡が崩れることが危惧されるようになっていた。

この頃、一八〇三年に、フランスのナポレオンから、ミシシッピ川以西の広大な領土を購入し、「ルイジアナ属領（Louisiana Territory）」とされていた領域の一部のミズーリ地域に隣接する奴隷州のケンタッキー州およびテネシー州の住民が多く移住した結果、「州」として合衆国

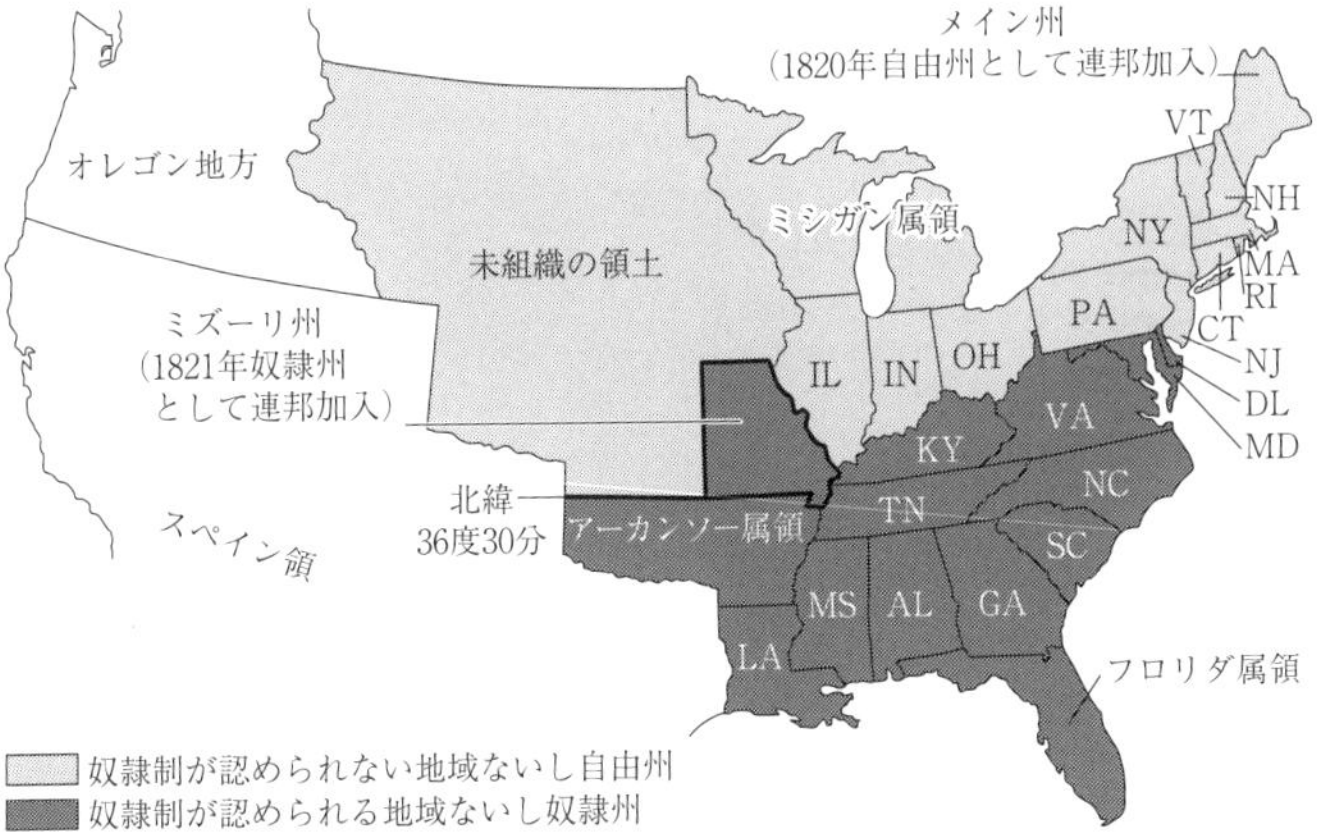

図1－1　「ミズーリの妥協」(1820年)

1820年、南北諸州は新加入のミズーリ州を例外として、以後北緯36度30分以北に奴隷州を認めないことで妥協

出所：Blum, John M. et al. eds., *The National Experience; A History of the United States,* Harcout, Brace & World, Inc., New York, 1963, p.204 の地図に基づき筆者作成。

米国州名の略称

自由州		奴隷州	
NH	ニューハンプシャー州	DL	デラウェア州
VT	ヴァーモント州	MD	メリーランド州
MA	マサチューセッツ州	VA	ヴァージニア州
RI	ロードアイランド州	KY	ケンタッキー州
CT	コネティカット州	NC	ノースカロライナ州
NY	ニューヨーク州	TN	テネシー州
NJ	ニュージャージー州	SC	サウスカロライナ州
PA	ペンシルバニア州	GA	ジョージア州
OH	オハイオ州	AL	アラバマ州
IN	インディアナ州	MS	ミシシッピ州
IL	イリノイ州	LA	ルイジアナ州

1820年メイン州が自由州として加入。ミシガン属領とその西の「未組織の領土」からは将来自由州のみ加入できる。

1821年ミズーリ州が奴隷州として加入。フロリダ、アーカンソー両属領は将来奴隷州となれる。

に加入することが求められた。人口比で議員が配分された連邦下院では北部選出議員が多数を占めており、ミズーリ連邦加入法案に対し奴隷解放を条件とする修正案が提出され通過した。他方南部議員が勢力を保つ上院では修正案は否決され、両院の調整も取れず、南北双方の対立が深刻となった。この時の議会での討論は、奴隷制の是非を巡り初めて深刻な対立が表面化した事態であった[5]。

ミズーリ問題を巡り上下両院を舞台に南北諸州間で対立が深まったが、上院での穏健派の重鎮、ケンタッキー州選出のヘンリー・クレイ（Henry Clay）議員の尽力で、後世に一八二〇年の「ミズーリの妥協（the Missouri Compromise）」として名を遺した妥協案によって対立が収束した。この妥協は、同じころ東北部カナダ国境に接したメインが「州」としての連邦加入を求めてきたことを奇貨として自由州一、奴隷州一、という組み合わせでミズーリ州の奴隷州としての加入を認め、さらに、爾後「ルイジアナ属領」の残りの地域においては、北緯三六度三〇分以北の地には（ミズーリ州を除き）奴隷州は認めないことを規定した。

ジャクソニアン・デモクラシー

一八二〇年代を通じ米国の発展が進むにつれ、独立直後以来米国の指導層を構成してきた

「建国の父祖」世代の歴代大統領の時代から社会が大きく転換し、政治の重心も自営農民などの多い内陸部に移動し、「普通の人（the Common Man）」[6]といわれた有権者の声が国政運営の批判となって現れてきた。

その最初の兆しは一八二四年の大統領選挙の際の新旧両勢力の代表とも言えた候補者間の競い合いとなって表れた。当時、一方では「建国の父祖」の世代の指導者として、第二代大統領ジョン・アダムス（John Adams 在任一七九七－一八〇一年）の子息であるジョン・クインシー・アダムス（John Quincy Adams）が立候補した。これに対し、歴代指導層による連邦政府中心の統治に不満を持った「普通の人」の声を代表する形で「民主党」より、英国との「一八一二年戦争」の英雄とされていた将軍アンドリュー・ジャクソン（Andrew Jackson）が立候補した。この時の選挙は、一般投票ではジャクソンが多数を獲得し、アダムスを上回ったが、他にも二人の有力候補がいたので、いずれも大統領選挙人数で所要の過半数に達せず、憲法の規定によって下院の各州議員団の投票で決することとなった。結局アダムス候補が多数の州の票を獲得し、第六代大統領に就任した。[7]

両者は一八二八年の選挙でも再び競うこととなり、その時は一般投票でも選挙人の投票でもジャクソンが圧倒的勝利をおさめて第七代大統領に就任し、米国史上「ジャクソニアン・デモクラシー（the Jacksonian Democracy）」とも言われた新たな時代を画することとなった。米国政治に新風を吹き込んだ、「ジャクソニアン・デモクラシー」の時代は、二期務めた本人に続き彼の後継者であったマーティン・ヴァン・ビューレン（Martin Van Buren）第八代大統領の四年間と合わせた十二年間の民主党政権として続いた。

この民主党政権の時代には、「ミズーリの妥協」が守られていたこともあり、奴隷制の問題が国政を左右する争点とはならなかったが、米国の関税の在り方を巡り南北の対立が深刻化した事態が生じた。

当時は関税が連邦政府の財政上最も重要な歳入源であった。英国での産業革命の影響を受け産業が興隆しつつあった北部諸州では、産業界の意向を反映して保護関税導入に熱心であった。対照的に南部では一次産品たる綿花の英国への輸出で外貨を稼いでいたので、輸入品の価格上昇につながる保護関税に反対し自由貿易を主張していた。

一八三〇年に上院で新たな保護主義傾向の強い関税提案が提出されたのに対し、サウスカロライナ州選出ロバート・ヘイン（Robert Hayne）議員とマサチューセッツ州選出で産業保護を主張するウェブスター議員それぞれを頭目とする勢力の間で論争が繰り広げられた。[8] サウスカロライナ州は保護的な高関税導入に強く反対し、財政収入目的以外（つまり産業保護目的）のための高関税は連邦憲法違反であり、そのような法案は「無効」であるので同州の税関では徴収させないと「無効宣言」[9]を行い、最悪の場合は連邦離脱もありうるとの強硬路線を主張した

(「無効化の危機 the Nullification Crisis」)[10]。この危機を妥協案で収束させたのが、一八二〇年の時の「ミズーリの妥協」をまとめたクレイ上院議員であり、サウスカロライナ州に対しては一旦引き上げられた関税を九年間かけて引き下げることで面子を維持できるようにし、法案に対する同州の譲歩を得た。

この危機は妥協で収まったが、この時サウスカロライナ州が論争の中で連邦政府について、本来主権国家であった十三の「国」がその一部の権利を連邦に預けた存在にすぎず、いつでも主権国家として連邦を離脱できるという、その後南北対立の深化とともに重要になる、「州権(state's rights)」の議論を理念として提示した。この議論はその後の南北間の対立において深刻な意義を持つこととなった。

ジャクソンの民主党が勢力を誇っていたころ、「建国の父祖」の時代の指導的政治勢力の一方の流れを汲んだ反民主党勢力は、「ナショナル・リパブリカン(the National Republicans)」といわれたが、他にも反民主党の党派が複数ありいずれも民主党に対する強力な対抗勢力にはなっていなかった。

やがて、これら勢力を結集する動きがあり、特にニューヨーク州の政界の黒幕的な政治家サーロー・ウィード(Thurlow Weed)が中心となり、一八三〇年代半ばにホイッグ党(Whigs)

と呼称された政党に結集した。その当時、ニューヨーク州選出連邦下院議員だったミラード・フィルモア（反民主党系であった「アンチ・メイソン」派）と、後のニューヨーク知事・連邦上院議員となるウィリアム・ヘンリー・スワードは、ともにニューヨーク州の政治家としてウィードに近く、この動きに参加した。

ホイッグ党は一八三六年の選挙で初めて大統領候補を出したが、ジャクソンの後継者たるヴァン・ビューレンの民主党の支持層の強さに一計を案じ、ニューイングランド地方に強いウェブスター、南部向けにテネシー州出身のヒュー・ローソン・ホワイト（Hugh Lawson White）、さらに西部に向けてウイリアム・ヘンリー・ハリソン（William Henry Harrison）の三人を立候補させ、この仕組みによってヴァン・ビューレンが選挙人の過半数を獲得することを阻止しようとした[11]。しかし、この奇策は成功せず、この時は民主党が勝利しヴァン・ビューレンが大統領になった。

このころ、特に民主党の中から将来の奴隷州の確保の観点で、農園農業に適した農地と気候を持つ南方に領土を拡張することを求める政治的な動きが高まってきた。このような動きの中で、まず、最初に現実の政治的課題となったのが当時メキシコの北方の辺境地であったテキサスをメキシコから独立させ、米国が併合し連邦構成州としようとする動きであった。

テキサスはもともとスペイン領メキシコの北部辺境の地であり、米国南部の最も西に位置していたルイジアナ州と境界を接していたので、その昔スペイン統治下では米国（南部）からの移住者を歓迎する時期もあった。しかし、一八二一年にメキシコがスペインから独立した後、テキサスの米国人移民とメキシコ中央政府との間に軋轢が生じ、米国移住者がついに一八三六年独立を宣言した。その後テキサス住人がメキシコ軍との戦争に勝利し「テキサス共和国（The Republic of Texas)」として独立し、その住民は独立直後から米国による「併合」（連邦構成州としての編入）を求めた。[12]しかし「テキサス共和国」が奴隷制を容認していたことが原因でホイッグ党をはじめ北部出身の連邦議員の反対により、連邦議会が併合を容認しなかった時期が続いた。なお、テキサスは、「ミズーリの妥協」当時はメキシコ領であり、この「妥協」の対象である「アーカンソー属領」の範囲の外だった（前掲図1－1参照）ので、北部諸州側としてはこの「属領」の外に位置するテキサスについて奴隷制を容認する義務は負っていなかった。

第二章　米国の発展拡大と東アジアへの関心

国内発展と東アジア貿易

「アメリカ合衆国」建国から半世紀余りを経た一八四〇年代に入ると、それまではルイジアナ属領を含む国土の中での国家的発展と統合を進めていた米国の姿勢に変化が見られ、さらなる領土拡張への関心が盛り上がりを見せるようになった。既に述べた南部諸州に強かったテキサスの併合を求める動きもこの流れの一つの表れであった。しかしこの気運の盛り上がりの要因には、奴隷制容認の領域を拡大させようとする南部の意向とは異なった理念、すなわち自由民主主義に則る連邦制共和国という政治理念を広く北米大陸全土に広めるべきであるという理想論があった。この立場は四〇年代半ば以降広く人口に膾炙するようになった「明白なる使命（Manifest Destiny）」、つまり大陸全土を自由民主主義の理念の下で支配下に置くことがアメリカ国民の神によって与えられた使命であるという考え方に集約された。[1]

一八四〇年代の米国内政は、伝統のある民主党と新興のホイッグ党の二大政党が拮抗する形となっていた。ただし、いずれの政党も地方の政治集団の連合体としての面が強く、全国的に統合された組織とは言い難かった。この中で、ホイッグ党は北部諸州を基盤とする新興産業界の利益を重視し、対外関係においては通商の拡大・国内産業保護主義を主張する路線を基本とし、他方の民主党は奴隷制に依拠する農園農業勢力を基盤としており、綿花の対英輸出を重視する観点から自由貿易主義であった。

一八四〇年の大統領選挙でそれまで民主党の後塵を拝していた新興のホイッグ党が勝利し、それまで徐々に進行していた政治経済地図の変化が政権交代となって表れた。

この時当選したウイリアム・ヘンリー・ハリソン（William Henry Harrison）第九代大統領が在任一か月で急死し、後を継いだジョン・タイラー（John Tyler）第十代大統領は、前任が任命したダニエル・ウェブスター国務長官（Daniel Webster, Secretary of State）をそのまま引き継ぎ、ウェブスターの下で対外政策を進めた。

ウェブスターは大西洋に面し海運・捕鯨の重要な拠点を擁するマサチューセッツ州選出の上院議員を長年勤め、南北諸州間の奴隷制を巡る対立については連邦統一維持を重視する穏健派の重鎮的存在であった。タイラー政権の外交の責任者として、今日のメイン州に当たる北部境界地区を巡る英国領カナダとの間の国境紛争を、一八四二年の「ウエブスター・アシュバートン条約（The Webster-Ashburton Treaty）」によって解決した。また、ウェブスター長官は、当時「サンドウィッチ諸島（Sandwich Islands）」と呼称されていた「ハワイ王国（the Hawaiian Kingdom）」より、独立国家としての英仏の承認確保のための仲介要請を受けた。このことから、ハワイ諸島が当時既に太平洋で活躍する米国捕鯨船にとっての重要な補給基地となっていたことを踏まえ、英仏等列強のハワイ干渉に反対する意図表明を起案し大統領の名で発表した（一八四二年十二月タイラー大統領の議会に対するメッセージ）。この方針は、その後「タイラー・ドクトリン」と呼ばれた。[2] さらに、ウェブスターは「アヘン戦争」に勝利した英国が中国（清）との間で「南京条約（Treaty of Nanking）」を締結したので、遅れをとるまいと中国との交渉に入ることとし、曲折を経てケーレッブ・クッシング（Caleb Cushing）を在中国通商官（Commissioner of Trade）に任命し、訓令を与え送り出した。そのウェブスターの退任後、国務長官に就任したアーベル・パーカー・アップシャー（Abel Parker Upshur）が一八四四年に米国と中国との間で「望厦条約（The Treaty of Wanghia）」を締結し、中国市場参入の橋頭堡を確保した。

なお、一八四〇年代のハワイに対する米国の捕鯨業界の関心も、産業通商業界の中国市場に対する関心も、いずれも米国の大西洋岸側関係者の利益関心であった。これは一八四〇年代前半には、まだ太平洋岸が自国の一部となることは想定されていなかったので、太平洋岸から東アジアを臨むという視点がなかったからである。

一八四〇年の選挙では大統領選挙のみならず、連邦議会選挙においてもホイッグ党が勝利し上下両院で多数党となった。その結果、下院が主導権を握る関税政策も、それ以前の民主党政権下で進められた自由貿易主義から、保護関税による自国産業育成政策に転換した。その帰結が、「一八四二年関税法（Tariff of 1842）」による高関税政策の導入である。

その当時、連邦下院歳入委員会委員長として高関税政策の立法化に尽力したのが、ミラード・フィルモア、ニューヨーク州選出下院議員であった。フィルモアは既に下院議員として四期目、ホイッグ党の結党後は三回目の当選を果たし、下院ホイッグ党議員団では指導的地位についていた。

一八四一年十二月の第三十議会第一会期開会冒頭に行われた議長以下の選出に際し、議長に次ぐ要職と目されていた下院歳入委員会委員長に選出され、関税法の成立に尽力した。つまり、約十年後の一八五一年に日本開国政策推進を決定した時のフィルモア政権で外交政策の責任者であった大統領と国務長官ウェブスターの二人とも、既に四〇年代前半にそれぞれの部署において通商の拡大と発展を求める政策を推進していた。フィルモア政権が通商政策を重視したことは、その中心の二人の一八四〇年代の立場から当然予想されることであった。

最初のホイッグ政権は一期で終わり、一八四四年の大統領選挙では民主党が政権に復帰した。ポーク第十一代大統領は南部諸州の最大の関心事であった奴隷州と自由州の数の均衡維持という南部にとっての死活的考慮に端を発する領土拡張政策を推進し、また、通商政策においても民主党の伝統的自由貿易政策に戻した。一八四六年関税法（当時の財務長官の名をとり「ウォーカー関税法 Walker Tariff of 1846」と呼称）は、南部最大の輸出商品たる綿花の最大市場英国の自由貿易政策に対応したものである。

一八四四年の大統領選挙でテキサス併合を選挙綱領に掲げた民主党ポーク候補が勝利したことを受け、「テキサス共和国」の「併合（Annexation）」が認められ、属領の「州」としての連邦加入する際の手続きとは異なる手続きを経て一八四五年十二月に「テキサス州」として連邦構成州となった[3]。

これに次ぐ領土面での動きとして、以前から英国領カナダと米国との間の領有権紛争の対象地となっていた、今日のオレゴン州とワシントン州を含む北西太平洋沿岸地域における国境画定問題の解決であった。この係争地をめぐり、一八一八年に米国と英国との間で当面双方が入植を認めあう一種の共同管理とすることで暫定的な合意を見ていたが、同地に移住した米国民が数を増すとともに、係争地全体を米国領とすることを求めはじめた。一八四〇年代には、本土の一部勢力による領土拡張の主張とこの地域の住民の要求とが相まって、この地をめぐり米国として英国との戦争も辞さないとの勇ましい言動も見られるようになった。しかし当時すでに「テキサス共和国」とメキシコとの国境紛争が、米国とメキシコとの戦争に発展する事態も取り沙汰された状況の中で、ポーク大統領は英国との戦争は回避すべきとの立場から、外交交渉を優先し、結局一八四六年六月に米英両国により国境画定条約が締結された。この条約は「オレゴン条約」あるいは交渉にあたった米国国務長官ジェームス・ビュキャナン（James Buchanan 後の第十五代大統領）と英国駐米公使の名前をとり「ビュキャナン・パッケナム条約（Buchanan-Pakenham Treaty）」と呼ばれた。ロッキー山脈より東側については北緯四九度の緯度線が英国との国境となっていた事実を踏まえ、基本的にはこの線をロッキー山脈から太平洋岸まで延長することで係争地を両国がほぼ折半する形で妥協した。この米英条

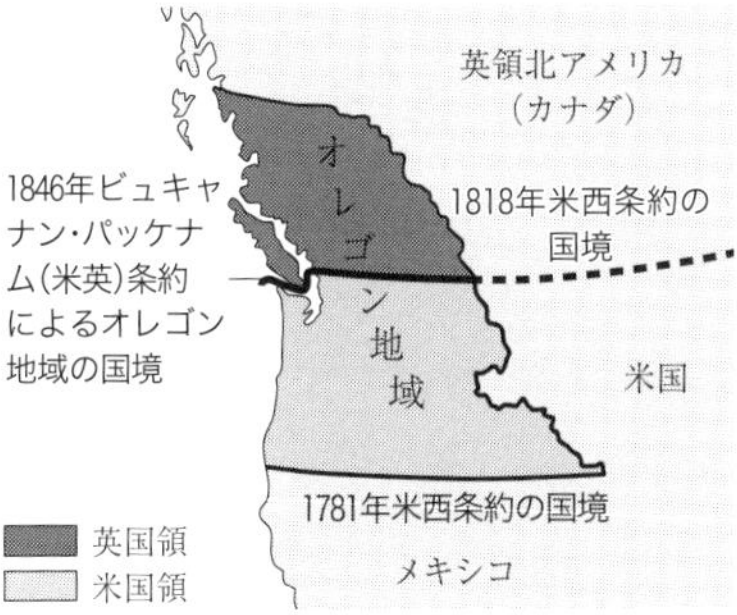

図２-１　「オレゴン条約」が定めたオレゴン属領の範囲

1846年、「オレゴン条約」により北西地域の米英間の国境が画定した。

出所：trevormorine.weebly.com, "Oregon Country," HST 325 - U.S. Foreign Relations to 1914（MSU）（http://projects.leadr.msu.edu/usforeignrelations/items/show/223, accessed December 31, 2019）に基づき筆者作成。

約によりロッキー山脈から西側の太平洋岸に達する広い領域が国際法的に確定した事は特に米国にとって画期的であった。[4]

ポーク大統領はテネシー州出身で自ら奴隷所有者であり南部に基盤を持つ民主党の政権として直前のホイッグ党政権とは異なった優先順位を持ち、なかでも南部と関係を持つ領土の拡張に熱心であった。テキサスの併合やオレゴン属領の国境確定を果たした後には、併合以前の「テキサス共和国」とメキシコとの間の領土紛争を、連邦政府が引き継ぐ形になったことを奇貨として、メキシコからの領土獲得を目指し領土の購入も視野に入れた動きをとった。結果として米国は一八四六年五月にメキシコに対し宣戦布告し、メキシコ内の政治的混乱にも助けられ、一八四八年に勝利をおさめ、米墨両国間の「グアダルーペ・イダルゴ条約」によって今日のテキサス州の西方、太平洋岸カリフォルニアに至る南西部地域の割譲を得ることに成功した。[5]

こうして、米国は一八四〇年代を通して米英間の条約による北西部太平洋岸地域の国境画定および米墨間の講和条約による領土の割譲を受け、今日のハワイ、アラスカ両州を除く「本土」四十八州の境界線とほぼ同じ形の国土を持つことになった。ただし、この時点での太平洋岸の領土は「属領」の地位にあり、地域住民が「合衆国」の国政に関与できるためには住民自治を基に連邦構成州に編入される必要があった。

米国経済界の日本への関心

米国は一八三〇年代、四〇年代の経済発展に伴い、大西洋岸東北部に拠点を置く貿易業界が、中国をはじめとする東アジア地域において通商活動を積極的に行うようになり、また、日本にも目が向くようになった。また、同じく大西洋岸東北部を拠点とする捕鯨業界も、北太平洋日本近海にまで進出するに至り、それぞれが独自の理由から日本についての関心を高めていた。

米国の通商・捕鯨両分野での活動が世界各地に展開されるに伴い、米国民保護・米国権益保護の観点から、米国海軍も全世界をいくつかの海域にわけ、それぞれに艦隊（squadron）を展開するようになった。例えば、一八四〇年代半ばの時点では、①本土艦隊（Home Squadron）、②太平洋艦隊（Pacific Squadron）、③南米艦隊（Squadron off the coast of Brazil）、④地中海艦隊（Mediterranean Squadron）、⑤アフリカ艦隊（Squadron off the coast of Africa）、⑥東インド艦隊（Squadron in the East India and China Seas）の六艦隊編成になっていた。東インド艦隊は事実上は一八三〇年代に編成されており、ペリーがその司令官に任命されたときには既に二〇年近くその管轄海域であったインド洋から西太平洋にかけての東アジア海域に展開されていた。この海域は大西洋からインド洋を経て到達する当時の米国大西洋岸からの航路によれば、最も遠方ではあったが、米国の商船隊の活動、さらに、一八四〇年代以降には北太平洋での米国捕鯨船の活動も保護の対象となっていた。

米国の東アジア（西太平洋）方面での経済的関心の一つは捕鯨業であった。米捕鯨船数は一八四〇年代既に、英国を抜いて世界最大となっていた。当時は、鯨油が今日の灯油に相当し日常生活に必要とされ需要が高く、捕鯨船の一回の行程の中には二年にも及ぶものもあったが、莫大な利益を上げた。捕鯨船は、当初は大西洋、次いで南太平洋と良好な漁場を求め活動領域を転じているうちに、ついに一八四〇年代には北太平洋の日本近海に良好な漁場を見出し、活動するようになっていた。この業界からは鯨を追って長期間操業する船への食糧等の補給のため、あるいは、海が荒れることの多い日本近海で遭難し漂着する船員の保護のため、日本の港の開放を求める声が上がっていた[6]。

なお、一八五一年に出版された、ハーマン・メルヴィル（Herman Melville）の『白鯨』（原題 *Moby-Dick or the Whale*）では、「もし、二重にかんぬきを掛けている、かの地、日本が、外国人を迎え入れるようになるとすれば、それは専ら捕鯨船の功績として認められることになるであろう、というのは、すでに捕鯨船は日本の門戸に差しかかっているからである[7]」と書かれている。これはメルヴィル自身が一八四一年フェアヘイヴン港を出て一八四四年十月にボストン港に帰還するまで捕鯨船で日本沖のマッコウクジラの大漁場で捕鯨を体験しこれをもとに『白鯨』を著し、出版したからである。また、この小説の中で、Japan ないし Japanese という用語が合計二十回も使われている。[8]

通商面では、一八三〇年代には、中国市場が既に貿易業界・海運業界の大きな関心対象となっていた。そして、中国の東の遠方にある日本がオランダ以外の欧米諸国に閉鎖されていたことから、その市場に参入することについての関心も既に見られていた。

一八三〇年代に、最初に東アジア海域に展開する使命を受けた米国の艦隊が現地に向かった際、時の米国政府は通商交渉に従事する使節としてエドムンド・ロバーツ（Edmund Roberts）を同乗させた。彼は、実際にタイ（シャム）において米国がアジアの国と最初に結んだ条約である一八三三年の「米シャム修好通商条約（Treaty of Amity and Commerce between His Majesty the Magnificent King of Siam and the United States of America）」の締結に成功したが、同人にはベトナム及び日本との通商協定の交渉権限も与えられていた。ベトナムとの交渉は難航し成功せず、日本には向かうことなく終わった。[9]

「アヘン戦争」後米国も一八四四年七月には中国（清）との間で「望厦条約」を締結したが、この後、米国では日本や朝鮮との国交樹立のため使節を送ることを求める提案（一八四五年米国下院議員のザドック・プラット（Zadock Pratt ニューヨーク州出身・民主党）によるもの）[10]が行われたが、中国のさらなる遠方にあると認識されていた日本と朝鮮との関係に関心を示す向きも出てきた。

一八四〇年代後半には、米国東インド艦隊の司令官・艦長級の軍人が日本へ接触した事例がいくつか出た。まず一八四六年、ジェームズ・ビドル（James Biddle）司令官が麾下のコロンバス号（the Columbus）とヴィンセンズ号（the Vincennes）によって江戸湾に来航し（七月）、幕府に開国を要求したが、この一件はその後いろいろな意味で語り継がれた。ビドルが日本に向かった背景として、彼自身が東インド艦隊司令官に対する海軍長官から下命された複数の任務の一つに「日本の港が開港されうるか確認すること」という項目も含まれていたこともあるが、それ以上にポーク政権が「望厦条約」の規定の下で初代中国駐在の米国弁務官（Commissioner to China）となった文民のアレクサンダー・ヒル・エヴェレット（Alexander Hill Everett）に、ビドルとともに日本に向かって交渉するように訓令を与えていた。しかしエヴェレットが病気で赴任が遅れていたので、ビドルのみが日本に行き、あえて長崎を避け浦賀に投錨し、幕府の官吏と折衝して日本の港が外国船に開かれているかを照会しつつ、開港されるのであれば通商協定を締結したいと打診した。しかし、ビドルは幕府に峻拒され二度と日本に渡来しないよう釘を刺され、成果なきまま南シナ海海域に戻った。この幕府とのやり取りの際ビドルが幕府側の下級官吏に侮辱的な扱いを受けたとの評判が米国内に広まるにつれビドルが日本に対し「弱腰」であったと米国内部で批判の対象となった。[11] 後年ペリーが終始日本に対し高圧的な姿勢で臨むことになったのもビドルのこの時の対応が反面教師となったと言われている。ビドルが海軍長官から受けていた訓令そのものは、国務長官がエヴェレットに与えた訓令とは異なり、単に開港の事実の照会と打診のようなことが想定された書き方になっており、日本との関係では本格的な開国交渉を行うべしと命じられていたわけではなかった。[12]

欧州列強の日本に対する関心

一八四〇年代に入って米国における日本への関心が従来に増して高まったように、当時米国以外の欧州列強、すなわち英国、フランス、ロシアも日本市場への参入の機会を求め、関心を高めていた。特に、アヘン戦争後の「南京条約」（一八四二年締結）によって英国が中国における地歩を固めて以来、英・仏・露の日本に向けられた関心も一層高まった。

このような十九世紀半ばにおける、英仏露の日本への関心の高まりは、幕府が十七世紀初頭より通商上の関係を認めた唯一の欧州の国であるオランダにとって内心穏やかならぬものがあった。オランダにとって長年享受していた日本における独占的地位に対する脅威と映ったからである。特に当時の最強国である英国が中国での権益確保を果たした余勢を駆って武力の威嚇の下に日本に迫り、オランダを駆逐した上でオランダに代わって日本での独占的地位を確保することを危惧した。その結果オランダは、一八四四年、アヘン戦争後の英国と中国との間の「南京条約」が締結されてから程なく、それまで長く堅持していた日本についての通商上の独占維持という政策を根本的に転換することとした。そして、それまでは通商関係に限られていた蘭日関係上初めてのこととして、公式に国王より「日本皇帝（将軍）」宛ての親書を送るという外交的手段によって、幕府に日本の開国の必要性を説いてその実施を働きかけた。この時のオランダ国王による開国要請は幕府に拒否されたが、その後のオランダの新たな対日政策の基礎となった。[13]

また、オランダは、一八四〇年代に既に日本近海で米国の活動が活発化するのを見て、英国との対抗上、米国を利用することに利益を見出し、米国に様々な協力を行っていた。米国東インド艦隊に対し、幕府が米捕鯨船遭難船員を拘束しているとの情報を提供したのもオランダ東インド当局だったし、グリン艦長がプレブル号にて長崎に来航して米船員の引き渡しを求めた際には、オランダの商館長が仲立ちとなったのでようやく救出が実現することとなった。

米墨戦争後の領土獲得と奴隷制拡大問題

ポーク大統領の任期中の治政は、米国の領土が急速に拡大したことを特徴としている。そのことは、彼にとって任期中最後の、議会に対する「大統領年次教書」（一八四八年十二月）において、テキサス併合・オレゴン属領、加えてカリフォルニアをはじめとするメキシコの割譲地域全体で、それ以前の米国の領土の半分に相当する領土を加えたことを詳しい数字を挙げて強調したことに現れていた。[14] さらに「（カリフォルニアは）その位置によって、中国、アジア、太平洋の諸島、メキシコ西部、中米、南米諸国そしてロシア領で太平洋に面している地域との豊かな通商を扼することとなろう」[15] とも述べ、新規獲得領土から太平洋の向こう側の中国等を視野に入れた見解を述べた。

また、「年次教書」とほぼ同じ時点でウォーカー財務長官が議会に提出した財務状況についての年次報告において、「太平洋岸を含めたすべての外国貿易港において見込まれる歳入の見通しは、今後の事態による」[16] と前置きし、アジアとの貿易が増大することを期待する一環として、「なかでも日本は人口五千万（ママ）もあり、わが西海岸からの距離は蒸気船でわずか二週間である」[17] としつつ、中国との通商に携わる蒸気船が日本の近海を通過すればやがて日本も通商関係を求め開港するであろう、と期待を表明した。

このポーク大統領最後の「年次教書」を全体でみると実のところは極めて長文であり、新領土獲得が米国経済にとって新たな展望を開いたことはそのわずかな部分に過ぎず、多くの紙幅をその他の問題に割いていた。なかでも、新たにメキシコから獲得した領土にいまだ属領としての統治機構もできておらず、戦争当時から現地にいた軍がそのまま軍政を敷いている異常な状態について、その打開に向けての自説を縷々述べたところが重要である。つまり、大統領は新規領土獲得によって連邦議会で奴隷制の拡大の可否をめぐる南北諸州間の対立が激化し、憲政上の危機が進んだ状況で、民主党政権として南部諸州の立場を反映して、「住民自治」の原則を推奨し反奴隷制の立場が唱えた連邦議会の立法による自由州・奴隷州の決定方式に反対を示した。ポークはその際、かつて自分は一八二〇年の「ミズーリの妥協」を太平洋岸まで延長すること、すなわち北緯三六度三〇分の線で南北が妥協すべきことを主張したと述べ、連邦議会がカリフォルニア等を含む新領土を自由州であるべきと定めることは「ミズーリの妥協」に反し受け入れられないとし、少なくとも自説ないし、最終的には最高裁に決めさせるとの妥協案を主張した[18]（図2-2「年次教書に添付された地図」には、北緯三六度三〇分の線が太平洋岸に達するまで引かれ明示されている）。もし、この時ポークの主張した「ミズーリの妥協」境界線延長案が受け入れられてしまえば、現在のカリフォルニアの南部三分の一程度では奴隷制が認められることを意味した。この案は現地住民の意思に反していたので、奴隷制の拡大の是非をめぐる根本問題に何らかの収拾がつかない限り、カリフォルニアが「州」として編入されることは不可能であることを意味し、カルフォルニアを拠点に太平洋を経済発展の観点から展望することも絵に描いた餅に留まることを暗示したものであった。

「アメリカ合衆国」は連邦制共和国であるので、新たに獲得した領土は、既にオレゴン属領に関連し述べたように、当初は連邦政府が管轄する「属領」に過ぎず、いわば物理的な拡大である。米国の属領には連邦議会両院に住民の代表を参加させることができないので、憲法上の権限を持って国政に参加することはできない。一部の属領が太平洋岸に至ったとしても単にその事実だけで米国が本格的な意味での「太平洋国家」になったとは言えない。メキシコから獲得した南西部の広大な領土に、米国民が移住し、人口増加から自治政府が組織され、やがて連邦を構成する「州」へと昇格することで、単なる領土の数量的拡大だけではなく、「アメリカ合衆国」という政体の拡大を伴うのであり、「属領」から「州」への地位の変化は米国政治そのものに変化を与えるものであった。

一八四〇年代に太平洋岸まで米国の領土が拡大したが、当初「属領」の地位にとどまった各地が連邦を構成する「州」に昇格するまでには通常はかなりの年月を要した（実際にオレゴン属領が州に昇格したのは一八五九年二月、ワシントン属領は一八八九年十一月に州として連邦

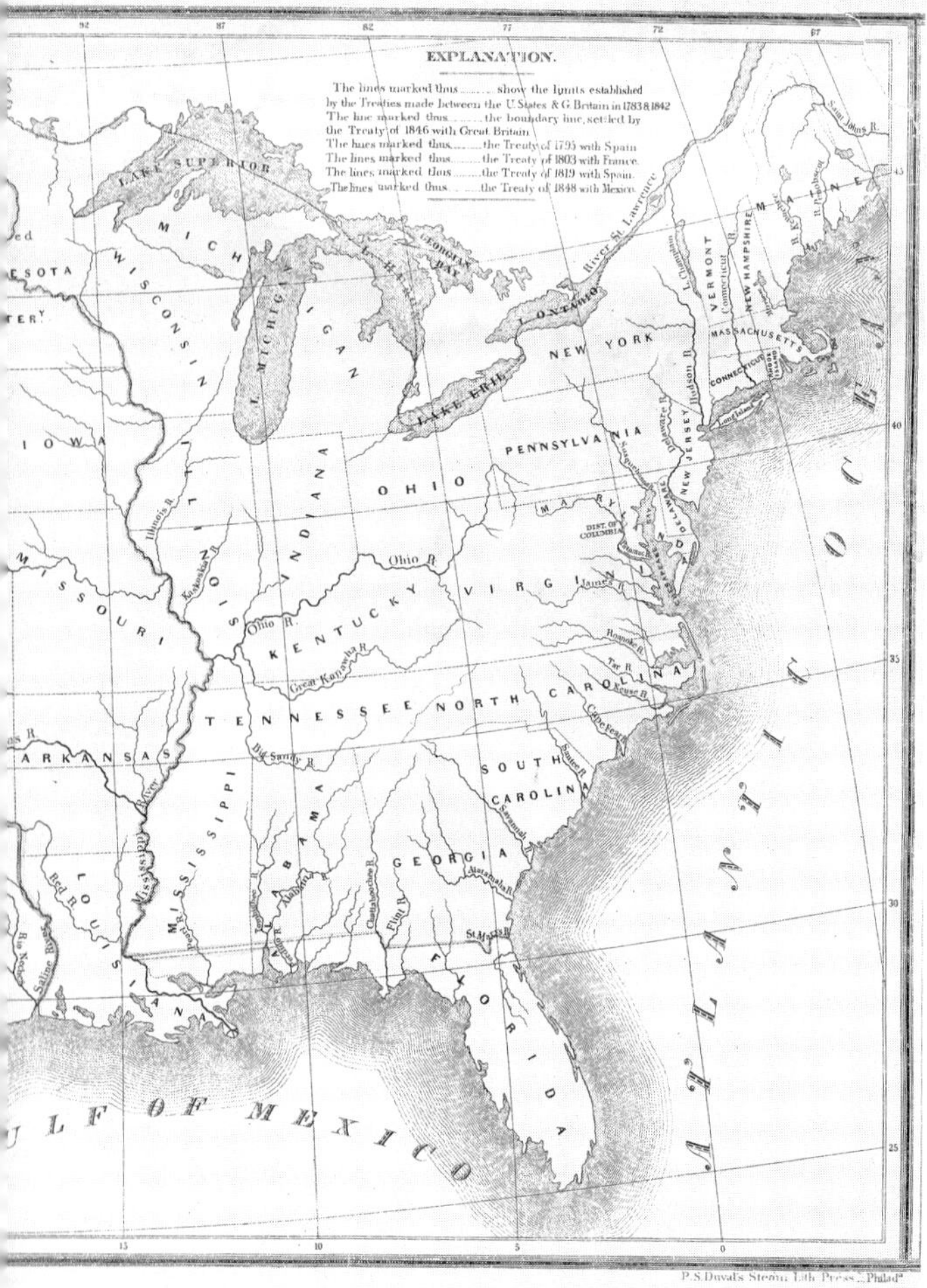

の米国地図（1848年12月）

洋に達した領土の全様を示す地図。ポーク大統領は獲得した南西部地域にお
きと主張しこの地図に反映。

es Identifrer: Series: General Records, 1791-2010 Record Group 233: Records of the U.S. House of

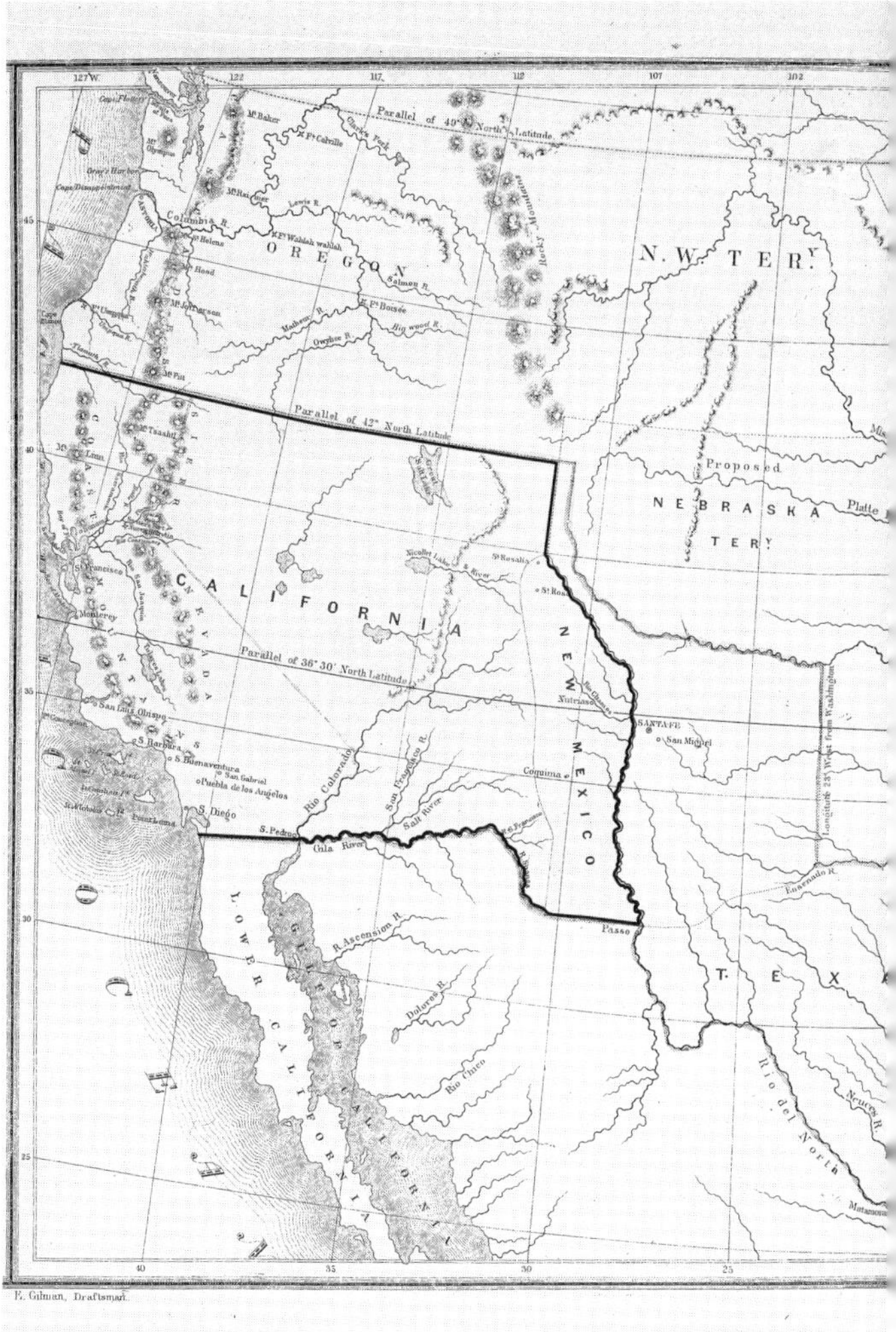

図2-2　ポーク大統領年次

「グアダルーペ・イダルゴ条約」でメキシコが割譲した地域（実線内側）を含
いても、「ミズーリの妥協」の際の北緯36度30分線がカリフォルニアまで延長

出所：Map Accompanying President Polk's Fourth Annual Message to Congress, December 5, 1848, N
Representatives,「米公文書カタログ」(catalog.arehives.gov/id/2127339）でアクセス。

に編入された）。一方のカリフォルニアは、金の発見により人口が流入したことで事情は大きく変化し、時を置かず自治政府がつくられ、一八四九年には早くも「州」として、連邦への編入を求めてきた。しかし、実際には、カリフォルニアが一八五〇年九月に連邦に編入されるまでの道のりは険しいものであった。

カリフォルニアが「自由州」として連邦編入を求めたことで提起された問題は、メキシコから割譲を受け米国の新領土となった属領が「州」として連邦に編入を求める場合の課題を予告するものであった。「州」が増加するとの見通しによって、奴隷制を経済社会の基礎とする南部諸州と奴隷制に反対する北部諸州との上院における議員数に反映されていた均衡が揺らぐことへの大きな懸念を南部諸州に与え、結果的に国家分裂の危機を内包する矛盾を抱えこむことになった。

米国建国の際、一方で奴隷制を巡る妥協を包含した「合衆国憲法」が、他方で連邦上院議員の選出母体を各州の州議会としたので上院がいわば各州「全権」代表の会議体となった（一九一三年に成立した憲法修正第十七条で連邦上院議員を州民による直接選挙によると改正されるまで州議会が選出するのが基本であった）ので、新たな「州」の連邦編入問題が、連邦上院での南北諸州出身議員数の均衡を崩しかねず、奴隷制の行方を左右する大問題とならざるをえなかった。

このような大きな課題を残したポーク政権を一八四九年三月にホイッグ党政権が引き継いだ。そこで副大統領となり、上院議長として議場での激論を差配、翌年前任の急死で大統領となったのがミラード・フィルモアである。

第三章　副大統領への道

ニューヨーク州政界から連邦下院議員へ

ミラード・フィルモア[1]は、一八〇〇年ニューヨーク州カユーガ郡の人里離れた丸太小屋[2]で貧しい両親の下で生まれ、少年のころから仕事に就き家計を助けてきたので十分な教育は受けていなかった。その後、両親とともに近くの町に引っ越し、弁護士事務所で下働きをはじめ、熱心に勉強し、やがて一八二二年にバッファロー市に移り、そこで翌二三年には弁護士資格を得て独り立ちした。[3]バッファロー市はエリー湖とハドソン川を結ぶエリー運河の西端にあたり、交通の要衝として商業が栄えていた。フィルモアの仕事ぶりの評判も良く、一八二八年、二十八歳にして地元選挙区からニューヨーク州の州議会下院議員に当選し政治の世界に入った。

一八二八年のニューヨーク州議会選挙に際し、フィルモアは「アンチ・メイソン党（Anti-Mason Party)」[4]から立候補し選出された。当時のニューヨーク州は最大の都市ニューヨーク市を抱え、州として人口が他州に比べ圧倒的に多く、首都ワシントンを中心とする中央政界でも存在が大きかったのでニューヨーク州で政治家として出世することは中央政界進出の機会を秘めるものであった。フィルモアは州下院議員として三期続けて（といっても任期は一年だったので、計三年）勤めた。

政治家フィルモアの大統領になるまでの道のりをみてゆくにあたり、彼と数十年に及ぶ政治上の競争相手となったウィリアム・ヘンリー・スワード（William Henry Seward）の経歴と対比させると、当時のニューヨーク州と中央（ワシントン）政界との関係、時々の政治を左右した争点などが明らかになる。フィルモアとスワードはニューヨーク州出身、年齢、弁護士という職業、ニューヨーク州議会議員進出時期などがほぼ同じであり、ともにホイッグ党に創立時から属していた。二人は当初、穏健派と急進派の違いはあったものの関係性が悪いわけではなかった。しかし出世し中央政界で重きをなすにつれ、対立も厳しくなった興味深い関係であった。二人の政治的競争関係は、フィルモア大統領就任以降、リンカーン政権（スワードは国務長官）とリンカーン暗殺後国務長官スワードが共和党政権を主導した時代を含め、フィルモアの評判を理解する上でも参考となる。

スワードは一八〇一年生まれで、フィルモアに比べ裕福な家庭に恵まれ大学教育を経て弁護士となった。ニューヨーク州中部で弁護士業を開始しまもなく政治を志し、一八三〇年の選挙で反民主党勢力として弱冠三十歳でニューヨーク州上院議員に選出され、その政治家としての活動の第一歩を踏み出していた。[5]

この二人の若手政治家がほぼ同時にニューヨーク州議会で「アンチ・メイソン党」という少数政党の議員として政治の世界に入ったころ、同州の政界においても優勢であった民主党に対抗する諸派を結集する動きが高まり、一八三四年に「ホイッグ党（Whig Party）」と呼ばれる勢力が結成された。その原動力はニューヨーク州都オルバニー（Albany）の新聞編集者として政治的知恵袋であったサーロー・ウィードであったと言われる。フィルモアとスワードいずれもこの時点で同州政界の黒幕的存在であったウィードと親交を深めていたので新党結成には積極的に参画した。[6]

フィルモアは、一八三二年には地元バッファローの選挙区から「アンチ・メイソン」として連邦下院議員に当選し中央政界に進出した。ただしこの時は一期二年連邦議会に在籍しただけであった。一八三六年の選挙で「ホイッグ党」より出馬し、再び連邦下院議員に当選し、その後一八四三年三月まで三期六年間務めた。一八四〇年の選挙ではホイッグ党から正・副大統領にハリソンとタイラーが当選し同党は連邦議会でも多数党となったので第二十七議会でフィルモアは下院歳入委員長に就いたことは既に述べた。

この間スワードはニューヨーク州上院議員として二期八年を終え、一八三四年州知事に立候補するも敗北の後、一八三八年に弱冠三八歳の若さでニューヨーク州知事に選出された。この結果は後日スワードが中央政界に進出する踏み台となった。

一八四二年の連邦議会選挙に出馬しなかったフィルモアは、地元で弁護士業に戻ったが、四四年には、ホイッグ党大会で副大統領候補を目指し出馬したもののその指名は得られなかった。[7] 四六年に地元のバッファロー大学の設立に貢献し、同大学総長（Chancellor, the University of Buffalo）に就任した。四七年に、ニューヨーク州憲法の改正で副知事をはじめ州政府の要職が一般選挙によることとなったことを受けフィルモアは州会計監査官（Comptroller）に当選し一年間在職した。

一方のスワードは一八三九年一月よりニューヨーク州知事を二期（任期は二年）勤め一八四三年からは再び弁護士業に復帰した。

一八四八年になり、フィルモアは十一月の大統領選挙で副大統領に当選し、スワードはニューヨーク州議会により連邦上院議員に選出され二人とも同時に中央政界に進出した。副大統領は上院議長を兼ねるので二人とも同じ上院に登場した。それに先立つ六月に開催されたホイッグ党全国大会は、米墨戦争に勝利し、国土が拡大、その後の奴隷制を巡る南北対立を深めてから最初に行われた大統領選挙を見据えた党大会であった。

穏健派の副大統領

一八四八年年央に民主・ホイッグ両大政党はそれぞれの党大会で、十一月の大統領選挙に向け政権維持ないし奪取を目的とする立場から大統領候補の指名に臨んだ。

その時の国内政治の中心的課題は、すでにメキシコより獲得した広大な南西部の「属領」が、将来住民自治に基づく「州」として連邦に編入されるとき、その州が奴隷制を容認する余地を連邦議会として認めるか否かをめぐる、北部諸州と南部諸州との抗争の深刻化にあった。

その際の争点の芽は二年前の一八四六年八月、当時のポーク政権がメキシコと交渉し、テキサスからカリフォルニアに至る領土の購入を目標として掲げていた時点で、ペンシルバニア州選出の民主党連邦下院議員デーヴィッド・ウィルモット（David Wilmot）が、奴隷制の地域的拡大に反対であった北部民主党の立場から、歳出予算案の追加修正案として、将来メキシコよりの領土の割譲を受けることとなった場合、その地にいずれ「州」が創設されるにあたり、奴隷制を容認しない「自由州」としてのみ連邦に編入を認めるという条件を提案した。「ウィルモット条項（Wilmot Proviso）」と呼称されたこの修正案は、下院では議員の賛否が所属政党ではなく、南部出身か北部出身かで分かれた結果、より多数の下院議員を擁する北部の立場が反映され採択されたが、上院では議決される前に会期終了となり、この修正案が立法化されるに至らなかった。しかしその後、「ウィルモット条項」で提起された争点が、南部諸州議員の激しい反発を惹起し、南北間の対立の原因となり、一八五〇年に南北間の妥協が得られるまで、連邦国家のあり方を巡る国論の分断を一段と深刻化させた。

ホイッグ党は奴隷制廃止を最終目的としつつ、当面は新規に獲得した領土において奴隷制が拡大することは認めるべきでないとの立場の主流派と、奴隷制そのものには反対ではあるものの連邦の統一の維持のためには南部奴隷州との妥協もやむなしとする穏健派とが対立していた。フィルモアは後者に属し主流派との間には距離が生じていた。本人としてはこの時の党大会で大統領候補に指名されることを期待していたものの、指名争いへの出馬は早くから断念せざるを得ない状況に置かれていた。スワードも党大会の時点では元ニューヨーク州知事として急進派の頭目であり、大統領候補となることを所望していた。しかし、スワードやウィードを中心とする当時のホイッグ党指導部は、次の大統領選挙に確実に勝利し政権を民主党から奪うことを最大の目標にしたので、急進派と目されていたスワード自身、いまだ時宜を得ずとばかりにこの際は指名争いへの参加を断念した。党指導部は、米墨戦争の「英雄」の一人であったザッカリー・テイラー将軍が南部ルイジアナ州出身で自らも奴隷保有者であったので南部諸州の有権者に受け入れやすいとの配慮から彼に白羽の矢を立て画策した結果、テイラーが党大会で大統領候補の指名を受けることとなった。

党指導部はこのような南部の票を狙った大統領候補に対し、大統領選挙人の数で各州の中で最大多数を擁していたニューヨーク州に配慮し、南部出身のテイラーとの均衡を図るためにフィルモアを副大統領候補とすることにした。その結果、テイラーとフィルモアが正副大統領候補を構成する形で十一月の本選挙に臨んだ。

ホイッグ党に対抗する民主党の党大会も「ウィルモット条項」が引き起こした論争の結果波乱含みとなった。民主党大会は五月に開催され、新領土で奴隷制が容認される余地を残す仕組みにこだわった民主党主流派がミシガン州出身のルイス・カス（Lewis Cass）を大統領候補に指名した。これに対し、党の重鎮でニューヨークを地盤とし、かつ、新領土においては奴隷制を認めるべきでないという持論の元大統領ヴァン・ビューレン（第八代、一八三七－四一）が袂を分かち、奴隷制の地域的拡大に反対した北部民主党員を中心とした第三党「フリー・ソイル党（Free Soil Party）」を組織、その大統領候補として再び挑戦を行った。十一月の本選挙では第三党の登場をもたらした民主党の分裂に助けられ、ホイッグ党が勝利しテイラーとフィルモアの正副大統領が実現することになった。

テイラー政権から遠ざけられたフィルモア

一八四九年三月大統領に就任したホイッグ党テイラーが閣僚を任命し、新たな「テイラー・ホワイトハウス（テイラー政権）」が動き出した。テイラーは生粋の軍人であり政治経験が全くなく、実際に政治を動かしたのは党の指導部ともいえたウィードとその意向を受けた連邦上院議員としてワシントンに進出したスワードであった。スワードは新人上院議員でありながら、テイラー大統領の下で閣議にも出るほど大統領の信頼が厚かった。一方で、フィルモア副大統領は、新領土への奴隷制の拡大に反対することよりも連邦の統一維持を優先する立場をとっていたこと、また、そもそも選挙での勝利という戦術的事情で候補になったこともあって副大統領ではあったが閣議には招かれず政権運営から遠ざけられた。

政権内部で役割が与えられなかったフィルモアは副大統領の憲法上の責任である上院議長職に傾注した。この結果、一八四九年十二月に開会された第二十九議会第一会期の討議が、南西部の新領土より州が編入を求める場合、奴隷州とするか自由州とするかの決定方法をめぐって激しく闘わされた際の議事はフィルモア議長が差配した（図３－１）。

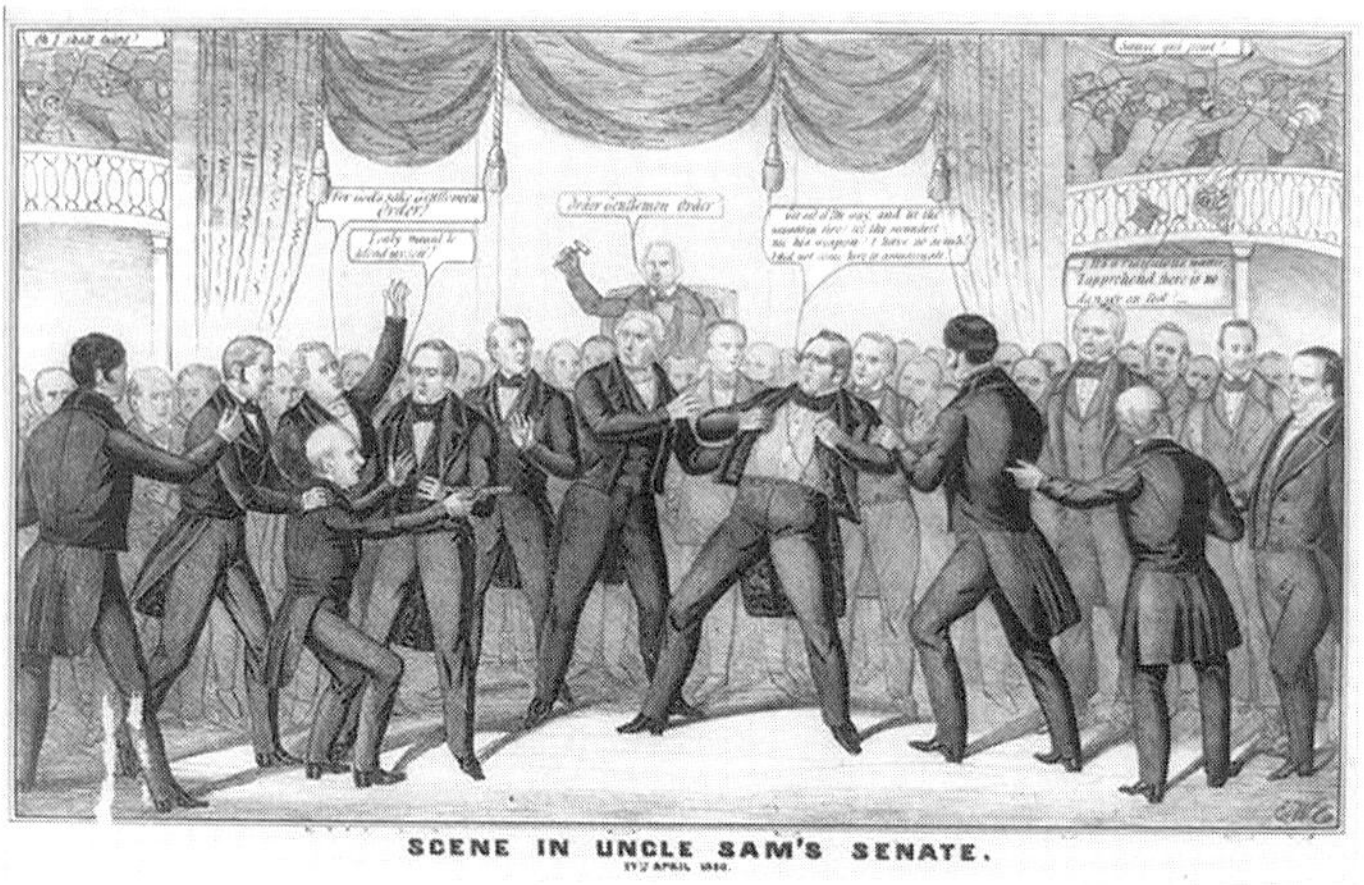

図３－１　1850年４月17日上院での激論

フィルモア上院議長（副大統領）が「ご静粛に」と求める（写真中央壇上）なかで議員たちが言い争い、拳銃を手にしている。

出所：米国議会図書館HP（URL loc.gov/pictwres/item/2008661528）。

テイラー政権と日本

テイラー大統領は、ポーク前大統領の下の民主党政権がメキシコより獲得した広大な領土の連邦への統合を進めるという課題を抱えた。この課題の核心は、将来「属領」から連邦加入要請が行われる新たな州について、これを奴隷制が容認される州とするか、容認されない「自由」州とするかの決定方法をめぐる、憲政論であった。少し具体的に言えば、新たに「州」となる場合、その州で奴隷制が容認されるか否かの判断を、連邦議会の権限であるとするか、あるいは住民の自治（当時 Popular Sovereignty と呼ばれた「住民主権」）で決めるべきものとするかという憲政上の問題であった。さらに、新規領土を既存領土の経済にいかに統合してゆくかの課題も大きかった。

一八四九年十二月四日、大統領に就任して初の議会提出「年次教書」[8]において、テイラーはまずその年に進めた外交関係の主要なものについて世界の地域ごとに振り返った後、一年前に獲得された太平洋岸の領土に関連し、大陸横断鉄道の必要性に触れるとともに、大西洋岸と太平洋岸の物流の時間短縮に必要な東西の大洋との間が極めて狭い地峡として、パナマ、ニカラグア、さらにメキシコ南部のテフアンテペック（Tehuantepec）の三箇所で、運河の掘削あるいは地峡を跨ぐ鉄道敷設を進める上での外交的環境整備に尽力していることに言及した。

この「年次教書」はさらに続けて米国がカリフォルニアをはじめとした太平洋岸地域に達したことを踏まえ、「領土が（同じく）太平洋に面した諸国」との関係強化の必要性を記しているが、その「太平洋に面した諸国」とは、中南米の太平洋岸諸国を念頭に置くにとどまっていた。唯一、遠く太平洋にある「国」としては「サンドウィッチ諸国（ハワイ王国）」について、米国の捕鯨船の補給を行う上での重要性に言及しつつ、他国がここを支配下におさめることなくその独立が維持されることが重要であるとの趣旨を説き、一八四二年のタイラー大統領による「タイラー・ドクトリン（The Tyler Doctrine）[9]」といわれる立場を繰り返すにとどまった。この一八四九年十二月の「大統領年次教書」に限ってみれば、まだ日本は視野に入っていなかった。

以前から徐々に高まっていた米国各界からの日本に関する関心は、テイラー政権になっても高まり、政府に対して日本開国に取り組むべきとする要請も行われるようになっていた。

まず、ビドル艦長の江戸湾来航（一八四六年）に続く事件として、一八四九年四月ジェームス・グリン艦長が長崎に来航し実現した「ラゴダ号」遭難船員の救出があった。これは米国東インド艦隊司令官ジェームス・ゲイシンジャー提督（Commodore James Geissinger ビドルの後任）が現地バタビアのオランダ当局より長崎からの情報として、米国捕鯨船ラゴダ号の遭難船員が日本で拘束されているとの情報を聞き、麾下のプレブル号（the Preble）のグリン艦長を長崎に差し向け、船員の救出に当たることを命じたことに端を発する。現地長崎で、グリン艦長と幕府側との折衝には紆余曲折があったものの、オランダの出島商館長ジョセフ・レヴィゾーン（Joseph Levyssohn, Dutch Factor at Dejima）の仲介もあり無事船員たちが救出された。プレブル号グリン艦長による遭難船員救出作戦は、現地の東インド艦隊司令のゲイシンジャーの判断によるものであり、本国政府からの訓令によるものではなかった。いずれにしても、救出された船員達は、遭難したのではなくラゴダ号から脱走し蝦夷の地に上陸したのが実情であったが、米国帰国後に自らの非を隠すためもあってか、拘束中幕府当局によって「酷い」仕打ちを受けたことを喧伝した。その結果、米国内に野蛮な日本を制裁し、その文明化を図らなくてはならないとの世論が盛り上がる契機となった。[10]

世論の高まりを受けテイラー政権が捕鯨船員に対する「非人道的」扱いに対し武力による制裁を含む日本に対する強硬策を模索した様子が見られた。すなわち、テイラー政権のジョン・ミドルトン・クレイトン国務長官（John Middleton Clayton）が、一八四九年八月に、在米オランダ公使フランス・テスタ（Frans Testa）とのワシントンでの面談の際に、英仏露の列強と語らって対日行動に出ることを検討していることを明かし、オランダの参加を促したが、オランダ公使はやんわりとそのような政策が見当違いであることを述べ、米国側をたしなめたとの記録がオランダ側に残っている。[11] ただし、その後クレイトン長官が述べた対日強硬路線が米国によって本格的に推進された形跡はない。

他方、この日本を巡る国内世論は、連邦議会にも反映された。具体的には、一八五〇年一月中旬、ハニバル・ハムリン（Hannibal Hamlin）上院議員（メイン州選出）が、決議案を提出し、国務長官に対し、日本の政府当局による米国遭難船員の拘束・「野蛮な」取り扱いについて、情報があれば上院に提供すること等を求めた。[12] この提案は一か月後の二月下旬に議題として取り上げられ、決議案原案にあった日本に外交使節を置くことを求めると解釈が可能な個所を削除し、単なる資料要求にとどめ採択した。[13] これを受けたテイラー政権のクレイトン国務長官は四月二十三日付文書で上院に対し回答し、二十五日の上院本会議で、議長であったフィルモア副大統領が会議冒頭で提出、一件書類を外交委員会に付託した。[14] 国務長官が提出した資料は、第一にローレンス号とラゴダ号の遭難船員に対する日本の扱いについての主として海軍省の資料、次いでアーロン・パーマー（Aaron Palmer）というニューヨークに拠点を持ち中国貿易にもかかわった民間人が随時国務省に提出してきた広範な情報等を内容としていた。六月十三日の本会議に対し外交委員会が検討結果を報告し、パーマーの文書の出版を上院の費用負担で出版することを勧告した。上院費用負担の問題をめぐり若干の議論があり、結論を出さないまま、出版を支援するべしとの提案が棚上げされた。[15]

この討議の中で、ウェブスター上院議員がパーマーの尽力とその集めた資料を高く評価したことと、この時の上院議長がフィルモアであったことは注目される。両者はこの討議の次の月には大統領と国務長官になったことを考えると、二人がすでにこの時点でパーマーの報告に接していたことは意義深い。

クレイトン国務長官がこの時引用したアーロン・パーマーはかねてから米国が日本開国に取り組むべきことを各方面に働きかけてきていた。プレブル号と遭難船員救出の報道に接し改めて、パーマーは『改定日本開国提案書』をまとめ、一八四九年九月にクレイトン国務長官に提出していた。[16] この提案は、艦隊を派遣し、かつ大統領の親書を携帯し、長崎は避け江戸に向かい幕府に直接働きかけるべきである等その後ペリーが日本遠征にあたり下敷きにしたといえる内容であった。

テイラー政権が太平洋岸の新領土を巡る内外政上の課題に取り組む中で、日本の開国の必要性を唱える意見が提出されていたとしても、新領土に将来創設される「州」に奴隷制を認める余地を残すか否かを巡る南北間の対立が深刻化していたこの政権の政治では、日本が優先順位の高い政策関心となっていたとはいえない。米国の対太平洋政策、わけても日本開国政策が本格化するためには、テイラー大統領の急死により大統領に昇格したミラード・フィルモアが、前任の残した喫緊の課題であった南北諸州間の激しい対立による内政上の危機を克服することで、内政に相対的安定がもたらされることが鍵であった。

第二部

一八五〇・七－一八五三・三

第十三代大統領ミラード・フィルモア

第四章 「一八五〇年の妥協」――連邦分裂の回避

テイラー大統領就任一年目の米国は、前に述べたように、南北両勢力の間で奴隷制の将来をめぐる対立が深刻化しており、連邦分裂・内戦不可避とまで言われるほどの建国以来の憲政上の一大危機にあった。対立の争点は表面では「アメリカ合衆国（the United States of America）」が、一国に統合された連邦制共和国であるのか、あるいは、各州は主権国家に類する存在であって自由に連邦から離脱する権利があるのか、「連邦（the Union）」のあり方が問われていた（後者の立場に立てば the United States はむしろ「合州国」と訳されるべきだったのであろう）。その根底においては南部諸州の奴隷制の是非という建国時の妥協的な扱いの矛盾に根差す深刻な問題があった。このような国家の基本にかかわる難題に当面していた「アメリカ合衆国」が、この時かろうじて国家としての一体性を守ることができたのは一八五〇年七月にザカリー・テイラー大統領が急死し、副大統領だったミラード・フィルモアが図らずも大統領に昇格したという偶然に負うところが大きい。

大統領が直面した危機

一八四八年十一月の選挙で選出された議員で構成された第三十一議会の第一会期は、当時の慣行によって、翌四九年十二月になって開会された。テイラー大統領は三月の就任以来、南部諸州の当初の期待に反し奴隷制の地域的拡大に反対の姿勢を徐々に明らかにしたので、この問題を巡る南北諸州の対立が悪化していった。既に述べたように、この議会開会に際し提出された、「大統領年次教書」（一八四九年十二月四日議会提出）で、大統領がカリフォルニアの住民が（自治）政府を組織した事実を踏まえ近く連邦編入を求めてくる旨を想定し、その場合連邦議会は編入を認めるべきであると明言したことは南部出身上院議員を危惧させた。[1]

この提案は、奴隷制の可否についてカリフォルニアの住民の意思を尊重するものであり、事実上住民の意向によって「自由州」となるか否かを決めることを容認するものであったので、むしろ南部側に不利ではないはずであった。しかし、ウィルモット修正条項に過敏になっていた南部関係者は、テイラーの背後にいて影響力があるスワードが奴隷制廃止論者であったことなどから、この提案の真意に疑念を持ち、反発した。[2] そして、翌年の一月に入り実質審議が始まった議会では、各州の代表の集まりである上院を中心に激論が戦わされることとなった。特に南部諸州側としては、連邦議会が新規領土において奴隷制が容認されるか否かの決定権を持つことを認めれば、いずれ奴隷制そのものの廃止につながりかねないとして、議会の裁量に委ねる余地を残すことに強硬に反対した。したがって一八五〇年に入ってから激化が進んだ南北間の危機的な対立は収拾がつかないまま深刻化し、やがては連邦の崩壊・国家の分裂、南北間の内戦が危惧されはじめた。

そこで上院の重鎮たるヘンリー・クレイ（Henry Clay）上院議員（ケンタッキー州選出）は、一八二〇年の「ミズーリの妥協」および一八三二年の関税問題をめぐる南北対立を克服した妥協案の中心的存在だった威信を背景に、メキシコからの新たな領土獲得で再燃した南北諸州間の対立に対応して双方の妥協を図ることに尽力した。[3] クレイ議員の提案は一月末の上院本会議での議員の演説において示されたが、奴隷制をめぐる南北間対立について折り合いをつけることを狙いとする合計八本の法案で構成される妥協案であった。八つの法案それぞれは、それまでの南北間の議論中で出てきた主要な争点を取り上げるものとなっており、これらを全体として包括的に南北間の妥協を図るという構想であった。それぞれの骨子を概観すると、①カリフォルニアは自由州として連邦加入を認める、②メキシコより獲得した領土では（自然環境の違いもあり農園農業に適さず）奴隷制が導入される可能性が乏しいことを踏まえ、州となる場合奴隷制を容認するかは州民の意思にゆだねることとする、③テキサス州の主張してきた（現在の州境より大幅に西側にあることが主張されていた）ニューメキシコとの境界は認めない、④他方、（テキサスの領土的譲歩の見返りに）テキサス州が連邦加入前に独立国家として負っていた公的債務は連邦政府が引き継ぐ、⑤首都（ワシントン）特別区での奴隷売買は容認しない、⑥他方、特別区の奴隷制そのものは、特別区と隣接するメリーランド州（奴隷州）の市民の意向に反して廃止されることはない、⑦現行の「逃亡奴隷法（Fugitive Slave Act）」より厳しい法案を立法する、⑧連邦政府に奴隷の州際取引に介入する権限がないことを明確にする、というものであった。[4]

この提案をめぐって国論は賛否それぞれの立場に分かれての論争が起こり、特に上院では激しい討論が展開された。この議会では副大統領フィルモアが開会とともに上院議長に就任したので、クレイ議員の提案に始まる上院の激しい討論の際には、議長席から議事進行に努めていた。

この時の様子を描いた絵が残っているが、クレイ議員が中心にいて提案を説明しており、議場より高い位置の議長席で、フィルモアが見守っているところが描かれている（図4-1）。

三月初め、クレイ提案に反対を表明したサウスカロライナ選出重鎮上院議員ジョン・C・カルフーン（John C. Calhoun）の演説、次いでこの提案を支持した連邦維持重視のマサチューセッツ州選出ダニエル・ウェブスター上院議員の演説[5]はその後それぞれの支持者が依拠する基本

図４－１　クレイ議員の提案を傾聴する上院本会議

1850年１月クレイ議員が上院本会議で南北間の妥協案を提案。フィルモア副大統領は議長席で傾聴した。

出典：米国議会上院（*The United States Senate, A.D. 1850*, by Robert E. Whitechurch: U.S. Senate Collection.）。

的な演説であった。

　これら重鎮議員に対し、新人議員であったスワードは、三月、上院での初演説でクレイ妥協案に対し、北部で有力であった奴隷制廃止論に立つ自らの立場を明確にした。[6]このスワードの演説は、「州」に連邦を離脱し主権を回復する権利があるとした南部の主張に正面から反対した。スワードは、連邦政府は新たに領土になった地（属領）について「（米国）憲法より高位な法（a higher law than the Constitution）によって、（属領を）崇高な目的のため」統治することが求められている、として奴隷制の属領への拡大に反対した。彼は、クレイの提示した妥協案は、奴隷制と自由という基本的人権との間の、人倫に悖《もと》る本来あってはならない悪しき妥協である、として原則論の立場から反対を唱えた。[7]

四月に入りこれら八本の決議案を一本の法案にまとめ包括案として再構成された案（一括法案という意味で「オムニバス法案 Omnibus Bill」と呼称された）が、クレイ議員の同意を得た上で正式に上程された。それぞれの決議について多数の支持を獲得する苦労に比較し一本にまとめた方が多数派をまとめやすいとの配慮であった。

この頃、同じ新規獲得領土に関する争点の一つではあったが手続的には別の問題であったニューメキシコの州昇格について、テイラー大統領はこれの推進に熱心であった。そして、「ニューメキシコ州」の範囲であるべき領域につき、隣接するテキサス州の主張が重なり「領土紛争」になっていた地域について、大統領自身がニューメキシコに属するべきことを容認する立場を明確にした。これは、とりもなおさず、クレイ提案の第三項目について、議会の賛同を得る前に大統領が妥協案の一要素を先取りしたことになり、議会側からすれば大統領の独断専行と映り許容しがたいものであった。この結果、テイラーの下の連邦政府はテキサス州を「敵」に回すことになった。しかも悪いことに、属領の治安維持のために派遣してあった連邦軍がテキサス州住民武装勢力とにらみ合うこととなり、武力衝突も排除されない事態が進行したが、軍人上がりのテイラー大統領は連邦軍とテキサス住民との衝突も辞さずとの武断的な姿勢を鮮明にした。

また、大統領の政治姿勢から、クレイ上院議員の構想した南北妥協案たる「オムニバス法案」を仮に議会が採択したとしても、その内容の一部に反対であったテイラー大統領が拒否権を発動し、法案成立を認めないのではないかと危惧されるに至っていた。

討議が進行中の妥協案への拒否権発動の危惧、さらにテキサス州・ニューメキシコ地域との「領土紛争」の渦中にまきこまれたことによって、大統領の政治姿勢に対する南部諸州側の不信は募り、事態は混迷の極みにあった[8]。

歴史の偶然か、まさにそのような政治的混迷の最中の七月四日の独立記念日の行事で雨に当たった大統領は急病にかかり、九日に急逝するという事態が起こった。そして副大統領であったミラード・フィルモアが連邦憲法の規定に基づき七月十日大統領に就任した[9]。

フィルモアの政変

フィルモア大統領は就任した直後にテイラー政権を構成した閣僚全員からの辞表を受理し、

自前の政権を組織した。[10] 大統領が死亡した場合、副大統領が昇格することはハリソン大統領が一八四一年四月、在任一か月目で急死しタイラー副大統領が昇格したことによって既に確立した慣行となっていたので、フィルモアの昇格は憲法上疑義を呈されることはなかった。

フィルモアが新規に任命した閣僚の中でも最も重要な人事はダニエル・ウェブスターを国務長官に迎えたことであった。ウェブスターにとって国務長官職は二度目（一期目は一八四一年から四三年まで）[11] であったが、今回は前回のように外交の責任者を目指したのではなかった。フィルモアは南北諸州間の対立が連邦分裂となることを回避することに取り組む上でクレイと並ぶ連邦統一維持派の最重鎮の一人でありクレイと協調していたウェブスターに、上院議長を兼ねた副大統領が自らが昇格し欠けた状況の中で、上院との連携を担当する役割として、大統領に次ぐ要職としての国務長官職に就くよう要請し、ウェブスターも大統領の期待に応え連邦維持にために尽力する観点からこれを受けた。[12]

上院内の力関係を熟知していたウェブスターは、大統領の意向をうけ、上院が妥協を見出し南部の分離独立が阻止され連邦統一が維持されるよう尽力した。このようにウェブスターを国務長官に迎えたフィルモア政権は同じホイッグ党を基盤におきながらも、時の最大の懸案について前任のテイラー政権とは全く異なる路線を選択した。この大統領交代のきっかけ自体はテイラーの病死という偶然の突発的な事態によるものではあったが、その結果は単に前任の死去による副大統領の昇格に留まっておらず、政策路線が大きく転換した事実上の政変であった。このことは米国史上副大統領から昇格した大統領が前任の閣僚全員を更迭した事例はあとにも先にもフィルモアだけであったことに反映されている。[13]

フィルモア新大統領はテイラー大統領の下での政権運営からは遠ざけられていたので、前任がその武断的な手法について南部諸州から批判され信任を失っていた負の状態を引き継がずにすんだ。他方、副大統領として上院議長を務めていたので一八五〇年初めより上院を舞台に繰り広げられた南北双方両極の急進派、あるいは民主党・ホイッグ党双方の穏健中道派、という多くの対立する政治勢力が入り乱れてすすめられた討論の内容を熟知していた。また議員側も、フィルモアがホイッグ党の急進派と一線を画していたことはよく知っていたので、テイラー大統領あるいはスワードとは異なり、南北両勢力の穏健派の信認を失っていたわけではなかった。また、上院での奴隷制問題をめぐる厳しい議論を議長として体得していたことは、フィルモアが指導性を発揮する際の政治的資産であった。

クレイ議員提案の「オムニバス法案」が否決された後、フィルモア政権は「オムニバス法案」で妥協を図る方針を変換し、民主党穏健派のダグラス上院議員の、一括法案の主要内容を案件ごとの個別法案に組み直しそれぞれ独立の八本の法案を総体としてみて南北間の妥協とする構想に同調した。[14]その狙いは「オムニバス法案」では支持派が多数を占めることがなかったが、案件別の法案とすることで、それぞれの法案について異なった支持勢力による多数を確保し、その結果それぞれの法案ごとの採択が可能となるという戦術的な転換であった。

「連邦」分裂回避の歴史的功績

フィルモア大統領の登場によって状況は急転直下大きく変化し、八本の法案がそれぞれ順次採択された。一法案ごとの多数の構成は異なったが、九月までにカリフォルニア州の「自由州」としての連邦編入法案を含むすべてが採択され、十二月にカリフォルニア州連邦編入手続きが完了し「一八五〇年の妥協」が現実として完結した。「妥協」は民主・ホイッグ、北部・南部の穏健派を結集した形となり、州権の強硬な主張者あるいは奴隷制廃止を原理主義的に主張する勢力はいずれも妥協そのものに批判ないし反対の立場を主張し続けたが、一旦妥協が成立すると国論の大勢は安堵感が支配した。そして、「連邦」のことを連邦制共和国（「合衆国」）ではなく単に主権的な州の国家連合に近い国家（「合州国」）に過ぎないと見る主張によって「連邦」そのものを崩壊させかねなかった瀬戸際から、妥協による世論の収斂を実現し、政局の安定が現実になった。それ以後の米国の内政に小康状態がもたらされた。

しかし、今日、「一八五〇年の妥協」実現前後を語る米国史をみると、フィルモア大統領の功績の評価については種々の議論があり、なかには最近の大統領伝記シリーズの内フィルモアを担当したフィンケルマンのように、フィルモアを奴隷制に反対しなかった最悪の大統領の一人として批判する視点で纏めている。[15]

これに対し、一八四八年のメキシコ戦争勝利と広大な領土の獲得から内戦（南北戦争）に至る一八六一年までの時代を扱ったデーヴィッド・ポッターの米国史、『迫りくる危機――南北戦争前、一八四八年から一八六一年のアメリカ』[16]において、フィルモアの役割は次のように評価されている。

（テイラー大統領が作り出したニューメキシコの州昇格をめぐるテキサス州と連邦政府との対立について）フィルモアはこの一触即発の危機を……極めて巧みに、しかも見たところいとも簡単に解決したので歴史は彼の達成したことの重大性にほとんど気づいていない。[17]

「歴史は……気づいていない」との評価は、まさに多くの歴史家のフィルモア軽視ないし無視の姿勢に対する批判である。ポッターはさらに「この（第三十一）議会[18]は、ヘンリー・クレイ（上院議員）、ダニエル・ウェブスター（上院議員、国務長官）、ミラード・フィルモア（副大統領・上院議長、大統領）、そしてスティーブン・ダグラス（上院議員）の指導性によって危機を回避した。そして、それに先立つ議会の四会期（すなわち四年間）にわたり、対処できなかった諸問題についての解決を確保することができた[19]」としている。

「一八五〇年の妥協」の最大の功労者を挙げれば、行政府側の最高位の二人としてのフィルモアとウェブスター、さらに上院穏健派の指導者ともいえるクレイとダグラス両上院議員に依存するところが大きかった。これに対し、スワードは急進派の頭目的存在であり奴隷制度が人倫に悖《もと》ることを念頭にその拡大を阻止すべしとの原則論にこだわり、この「妥協」に反対しつづけていたので、妥協による連邦統一維持の功績は彼に帰することはなく、むしろ彼は妥協を妨げたと言えた。

カリフォルニアの連邦加入実現で「妥協」が完成した後の一八五〇年十二月二日、フィルモアは第三十一議会第二会期の冒頭に就任後初となる連邦議会に対する「大統領年次教書（President's Annual Message to Congress）」[20]を提出した。そこで、大統領に就任して以来の五か月間を振り返りながら、まず大統領として合衆国憲法に則って行政を行い続けると宣言した。これは一見当然なことを述べたまでであるが、「一八五〇年の妥協」の八本の法律成立を背景にしていることを想起し、また、この「年次教書」の別の個所で米国は広大な国なので一方の地域にとっては嫌悪すべき法律であっても他方の地域においてはそうでないことがあると述べていることをあわせ読めば、大統領が自らまとめた「一八五〇年の妥協」を構成する複数の法律はそれに対する反対・抵抗を排して忠実に実行してゆく決意を込めたものである。大統領のこの並々ならぬ決意とスワードが上院演説で述べた「憲法より高位な法（a higher law than the Constitution)」という観念との対比は、フィルモアとスワードそれぞれを支持する政治勢力間の対立がこの後さらに政局の流動化に繋がってゆく展開を暗示するものであった。

第五章　カリフォルニア州連邦編入

フィルモアが「一八五〇年の妥協」によって、内政上の難題からとりあえず解放されて取り組むこととなった国政上の課題は、一方では「妥協」により分断を克服した国家を再び安定させることと、他方で早くも一八五〇年九月に、新規に獲得した広大な領土から、自由州として「連邦」に編入されることとなったカリフォルニア州を「アメリカ合衆国」の有機的な一部として経済的社会的に統合することであった。カリフォルニア州は、三十一番目の州にして自由州であったので、それまでの自由州対奴隷州十五州ずつの均衡を破ったのみならず、ロッキー山脈で他州から離れたいわば飛び地州であったことから、連邦政府が統合を積極的に進める必要があった。

言い方を変えれば、政治面では南北間の分断克服による再統合、経済面ではロッキー山脈以東の従前以来の国土とカリフォルニア州をはじめとする太平洋岸、「ウェスト・コースト（West Coast）」といわれる西岸地域の新規獲得国土との東西統合というものであった。

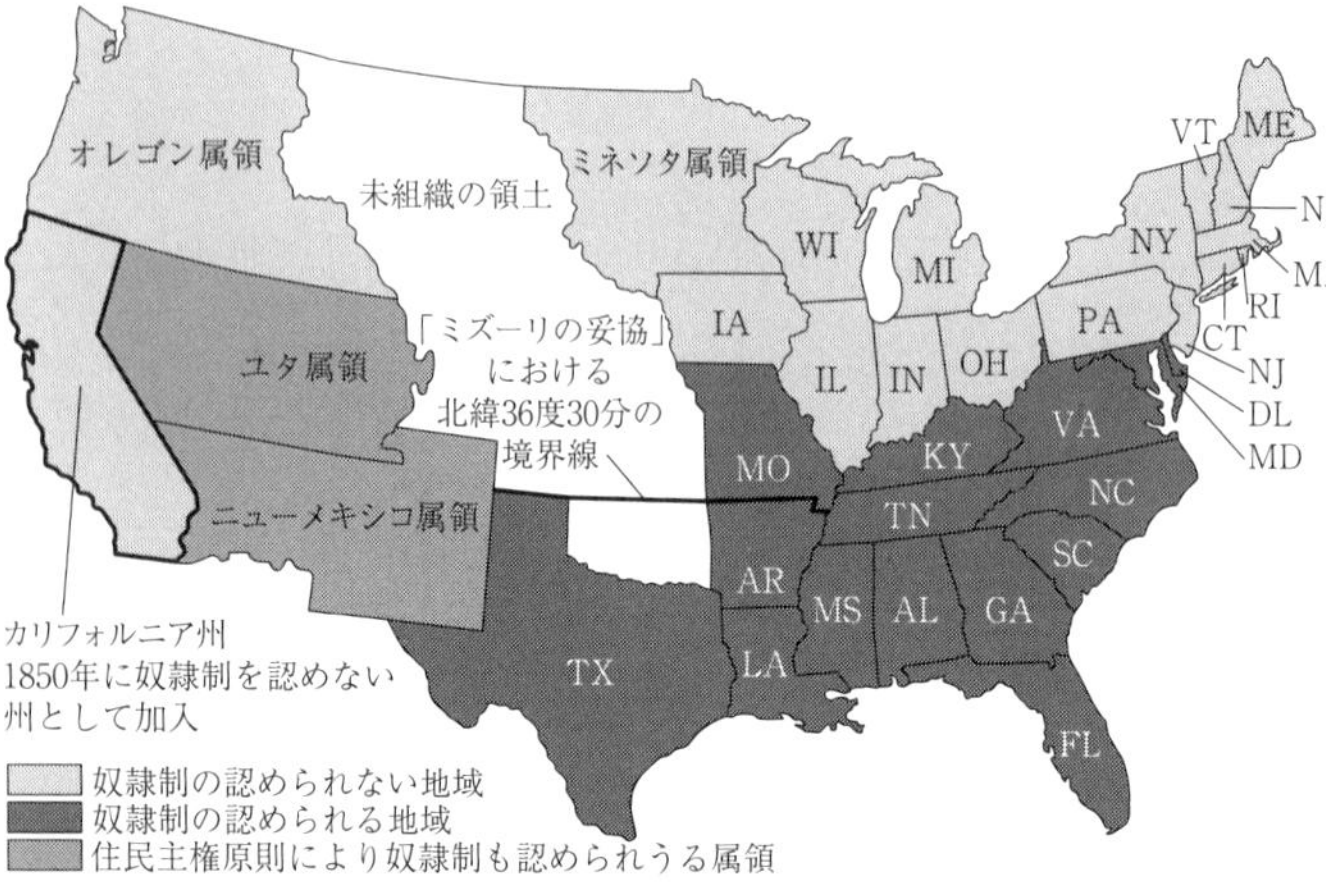

図５－１　「1850年の妥協」

「1850年の妥協」が成立し、同年９月カリフォルニアが自由州として連邦に加入した。

出所：Blum, John M. et al. eds., The National Experience; A History of the United States, Harcout, Brace & World, Inc., New York, 1963, p. 279. の地図の基づき、筆者作成。

米国州名の略称

自由州		奴隷州	
CT	コネティカット州	AL	アラバマ州
IA	アイオワ州	AR	アーカンソー州
IL	イリノイ州	DL	デラウェア州
IN	インディアナ州	FL	フロリダ州
MA	マサチューセッツ州	GA	ジョージア州
ME	メイン州	KY	ケンタッキー州
MI	ミシガン州	LA	ルイジアナ州
NH	ニューハンプシャー州	MD	メリーランド州
NJ	ニュージャージー州	MO	モンタナ州
NY	ニューヨーク州	MS	ミシシッピ州
OH	オハイオ州	NC	ノースカロライナ州
PA	ペンシルバニア州	SC	サウスカロライナ州
RI	ロードアイランド州	TN	テネシー州
VT	ヴァーモント州	TX	テキサス州
WI	ウィスコンシン州	VA	ヴァージニア州

このうち南北両地域間の関係安定は最大の課題であったが、後述（第九章）するように「一八五〇年の妥協」に内在していた矛盾により早々に崩れていった。

これに対し、東西統合の側面についてのフィルモアの施政の大枠は、ホイッグ党の基盤である北部産業界の意向に沿ったものであり、前任テイラー大統領の取り組みと基本路線は同じであった。大陸横断鉄道と中米地峡地帯を利用した太平洋岸を大西洋岸地区と海路で結ぶ構想は、いずれも引き継がれた。

しかし、テイラーは、南北間の分断・対立と連邦統一維持の問題に直面した際に示したように、南部出身の陸軍軍人であり、軍の経歴として原住民（アメリカン・インディアン）掃討でも武勲をあげたことでも知られており、政治姿勢において武断的傾向が目立った。テイラーが、カリフォルニアから太平洋を視野に入れた、と言ってもハワイ諸島までであり、そのハワイについては米国の影響力維持が中心であった。

これに対し、「（フィルモア大統領の）国内市場における通商の基礎、すなわち鉄道、運河、港湾、および統一通貨についての基本政策は大統領になる以前に形成されたものである……（フィルモアは）行政府には経済界を善導する責務があるとの信念に基づき、大統領として対外関係の分野における責任を活用し海外との貿易の拡大に努めた。（中米の）地峡地帯における運河及び鉄道路線、太平洋やカリブ海の諸島（との関係確保）、大洋における中継地、蒸気船の燃料補給拠点、及び東洋との貿易、これら全ての分野の推進を能力のあたう限り推進した」と言われている。[1]

つまり、フィルモアは、同じホイッグ党であっても前任テイラーとは異なり、自らの政権の下でカリフォルニアが「州」になったことを受けて、社会統合・経済発展において通商が果たす意義を重視し、一方で太平洋岸とロッキー山脈以東の既存の国土の連携のための手段確保に積極的な措置を進めるとともに、他方で太平洋岸のさらなる発展を図るため、同地を新たな拠点とする太平洋を跨ぐ航路の確立によって東アジア地域との通商関係発展のため種々の施策を講じた。

施政方針——「合衆国」の統合

フィルモアは一八五〇年十二月、前章で述べたように連邦議会に対する「大統領年次教書」を提出した。[2] 同年七月に大統領に就任したフィルモアにとっては就任後初の「教書」であり、自らの施政方針を包括的に開陳する機会でもあった。

フィルモアはこの「教書」で職務の遂行にあたり連邦憲法に従うことを強調したが、「一八五〇年の妥協」の延長線上に立つ基本姿勢であった。内政面では、七月の就任以来数か月かけてまとめ上げた「妥協」を念頭に、連邦憲法自体も妥協によっていると指摘し、暗に憲法も奴隷制も容認していることを踏まえるべきとしつつ、両極端の勢力を含め国民が「一八五〇年の妥協」を受け入れるべきであると訴えたことが、この教書の特徴である。

フィルモアは「教書」対外関係部分で、まず米国が国際法に則り他国の内政に干渉をしたり他国の革命を唆《そその》かしたりはしないこと、また友好国に軍隊を派遣し領土を奪うことはしないことを述べ、欧州各地で一八四八年の革命の余波で起こっている混乱に政治的に介入しないこと、また前民主党政権が行ったような近隣に対する領土拡張政策はとらないことを述べた。

領土拡張政策に否定的な立場は民主党が領土拡張に積極的な姿勢をとっていたのに反対したホイッグ党の基本的姿勢であった。フィルモア自身、連邦下院議員だった時も、既に当時民主党が主張したテキサス併合についてもメキシコを刺激し戦争を惹起しかねないなどの理由で反対したので政治家として一貫した立場であった。[3]

さらに、連邦政府の積極的施策によって国内開発をすすめ経済発展を促進する伝統的なホイッグ路線に即した方針を掲げた。この関連でフィルモアが取り上げた大陸横断鉄道構想、中米地峡地帯での太平洋岸とメキシコ湾岸を結ぶ交通路開発構想においては、一年前のテイラーの「年次教書」を踏襲したものとなっている。[4]

産業政策・通商政策に密接に絡んだ関税政策については、フィルモアの面目躍如たる部分として彼が持論をかなりの紙幅を使って詳しく展開した。もとより、この時代の米国では財政収入上関税収入が基本であったことを前提として、関税収入増大のための関税制度改革について自説を述べ、それに沿った法案の採用を議会に促した。この関税政策についての拘りは、フィルモアが一八四一年から四三年までの第二十九議会の下院歳入委員長として「一八四二年関税法」という保護主義関税法の成立に大きく貢献した経歴と政策的に軌を一にしたものであった。[5]そもそも彼は、出身地であるバッファロー市は、ニューヨーク州の積極的な財政資金投入により同州北部を横断し、五大湖とハドソン川を繋ぐエリー運河（Erie Canal）の建設によって経済的に目覚ましい発展を遂げたと認識していた。そのことが彼の経済政策の基本をなしており、一貫して政府主導の行財政施策によって通商を促進させ経済を発展させることに積極的であった。

この「年次教書」でフィルモアが提案した、カリフォルニア州の発展・統合に貢献する方策として、まずは太平洋岸の新規獲得領土と大西洋岸の諸州との州際の通商関係拡大のために不可欠な交通手段確保に向け、ミシシッピ川流域地帯から太平洋岸をつなぐ大陸横断鉄道の必要性については、テイラーが前年の「年次教書」で取り上げた事実を指摘する程度にとどめた。[6]

さらに、大西洋・メキシコ湾岸と太平洋岸を結ぶもう一つの交通手段として、海路を基本としつつも南米の南端ホーン岬を迂回する長く困難な航路を実態上短縮するため、中米地帯の地峡に、運河を掘削するか、少なくとも地峡の両岸を鉄道でつなぐという構想についても、前年テイラーがとりあげた政策を踏襲した。この頃、米国の官民が注目した中米の地峡は三か所あったが、その中で当時運河掘削の可能性が一番高いとされたのがニカラグアで、太平洋岸に近いニカラグア湖とそこからメキシコ湾に流れ出るサンファン川を活用した運河構想であった。フィルモアは、この手の教書の外交部分の最初の事項として一八五〇年四月に締結された米英条約（「クレイトン・バルワー条約 Clayton-Bulwer Treaty」）の下でのニカラグア運河建設計画の現状について詳しく述べ、英国との協調を通じてニカラグアをめぐる国際環境の安定を確保し、政策を進めようとするフィルモア政権の特徴が窺えた。[7]

中米地峡にからむ構想については、いずれも民間資本の企画が主であるが、米国政府としても財政的支援や周辺国・関係国から協力を得るための外交活動を通じて間接的支援を行うことが述べられている。なお、米国側は、英国の思惑について、表面上は物流や人の移動を短縮する企画自体には積極的であったが、実際には米国がカリフォルニアを拠点にアジア市場に参入することは英国を競争上不利にすると見越して、陰では米国の目標が容易には実現しないよう動いていたと見ていた。[8]

当時、パナマ地峡については、この両岸をつなぐ鉄道路線が優先され、この鉄路は一八五五年に完成した。したがって後述（第十一章）するように、一八六〇年に訪米した「万延元年遣米使節団」はパナマ地峡を鉄道で横断した。

対岸となった東アジア

「一八五〇年の妥協」の効果として、その年の九月にカリフォルニアが自由州として連邦に編入することが実現した。その結果、連邦政府にとってカリフォルニア州を中心とする太平洋岸地帯について、従来の国土との連絡を改善し、太平洋岸を統合することが重要な課題となったが、それと同時に、カリフォルニア州という太平洋に面した連邦構成州から太平洋とその先の東アジアを視野に入れることがむしろ必然となった。

カリフォルニアから太平洋を臨む際、まず現れるのがこの大洋の中央に浮かぶハワイ諸島（サンドイッチ諸島）であった。前テイラー政権も「太平洋に面した諸国」として挙げた諸国にハワイ王国を挙げたが[9]、翌年のフィルモア大統領の「年次教書」では、米・ハワイ王国間で一八四九年に締結され、フィルモア大統領が一八五〇年十一月にその発効を布告した「米国とサンドウィッチ諸島との友好通商航海条約（Treaty of Friendship, Commerce, and Navigation）」[10]が締結されたことに言及しこの条約により両国関係に好影響を与えると信じると述べた。

フィルモアは「年次教書」では「(米国) 太平洋岸の安全保障とともに米国と東アジア (Eastern Asia) との通商の保護と発展についての海軍の政策提言に留意していただきたい、最近米国住民が太平洋岸に定住するようになったので、東洋貿易への米国の参加が拡大する機会が進展したことは見逃すことができない」[11] として太平洋岸を拠点として東アジアとの貿易の拡大をすでに視野に入れていた。この部分は「年次教書」提出の直前に、ウィリアム・グラハム (William Graham) 海軍長官がフィルモア大統領に提出した十一月三十日付「海軍長官年次報告 (The Report of the Secretary of the Navy)」を踏まえたものである。

グラハム長官報告書においては、具体的に、新たに米国領土となった太平洋岸と海軍の役割変化について次のように述べた。まず、以前から太平洋海域に展開している「太平洋艦隊」(それまでは北米・中南米地域の太平洋岸沿海を所管)、と「東インド艦隊」(東アジア沿海を所管)について、前者については任務の性格が外国沿岸での米国権益保護から、新たに自国領土となったカリフォルニア等の国土防衛と海上交通保護へと質的に変化したので、新たな任務を効果的に遂行し、また東インド艦隊との連携を円滑にするため、サンフランシスコあるいは別の港湾に海軍基地を設ける必要性を提案した。そして、米海軍が太平洋に展開する目的として、領土の防衛と海上航路の保護に加え太平洋での捕鯨および東アジアとの通商のという経済活動の保護を明示した。さらに、これらの活動を支援し、かつ太平洋・東インド両艦隊を効率的に運用する一助として、（最近開設されたパナマからサンフランシスコをつなぐ郵便航路の運航に触れた上で）「サンフランシスコから、マカオ、上海、あるいは東アジアのその他の地点を、蒸気船あるいは帆船による、郵便船航路を開設することを提案する。そのような郵便航路は……東洋（the East）との通商の発展に大いに貢献する」[12]と言及した。

つまりフィルモア政権は、一八五〇年の年末に内政の安定を受けて目を外交政策に転じた際に、カリフォルニア州から太平洋を介して東アジアに行くには、それまでの大西洋からインド洋を経由する行程に比べ、大幅に時間が短縮できるので、カリフォルニアを中心とした太平洋岸が通商関係の新たな拠点として多くの機会を与えることに注目した。そして、議会に対しその活用を積極的に説き、海軍力の展開を含め財政ないし立法上の措置を講じるよう求めた。これは米国政府におけるそれまでの東アジアに対する見方、特に東アジアに関与する際の視点を大きく転換したことにおいて画期的であった。

フィルモア政権は、一八五〇年末にはカリフォルニア州を拠点にして、東アジアとの関係を進める上で日本が重要な位置を占めていることを改めて認識した。日本の門戸の開放を求めることの意義が疑う余地もなく明らかになった。この戦略的観点にもとづく視野の転換は、一八四〇年代に東アジア海域に米国商船隊あるいは東インド艦隊が展開していた当時とは全く異なった条件が備わったことが明らかかである。まず、米国太平洋岸から中国を結ぶ航路は従来の大西洋・インド洋経由に比較し大幅に航海日数が短縮されるものであった。加えてこの大圏航路（図5－2）は、当時海運の主力となりつつあった蒸気船を活用することで帆船と異なり季節風に左右されることもなく、相対的に短い期間の往来を確保できた。ただしその際の一つの大きな制約要因があった。それは蒸気船が燃料として石炭を大量に消費することにあり、長期航海に必要な石炭を自ら積載すると積み荷の量を著しく制限するので、航路上に設けた補給基地を活用することで輸送効率を大幅に向上させることが必要であった。日本はカリフォルニアから中国に至る太平洋航路の中間に位置しており、その市場としての関心もさることながら、石炭補給基地を設けることができれば米国の東アジア全体に対する通商上の関与の競争条件の大幅改善にとって、また東インド艦隊の行動範囲拡大にとっても不可欠であることが認識されるに至った。

フィルモア大統領は、カリフォルニア州が正式に編入された「新しい国の形」を持つに至った「アメリカ合衆国」の指導者として、国家の経済社会的統合を進めるにあたり、若くして地元バッファロー地域で身に着けた水運による通商発展という意識から海洋志向の対外関係を基

(上) 世界地図上に表された大圏航路。アリューシャン列島を含むアラスカは、1850年代当時はロシア領。1867年、スワード国務長官が750万ドルで購入。アラスカに経済価値なしとする批判派は、アラスカを「スワードの冷蔵庫」と揶揄した。

(右) 地球の表面上でサンフランシスコと上海を直線で結ぶ図。直線で最短距離を結ぶ線はアリューシャン列島、日本海、対馬海峡を通過する。

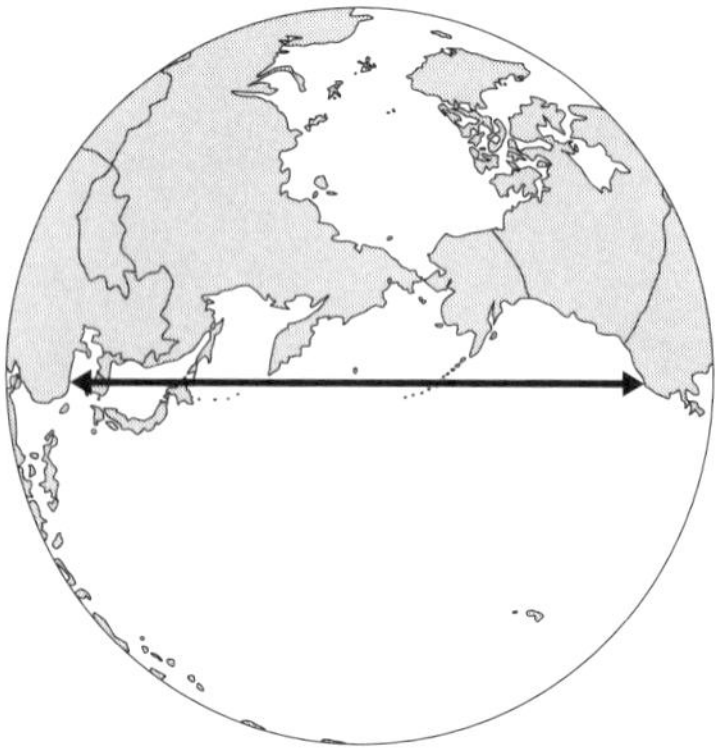

図5-2 太平洋の大圏航路

出所:(上) Wiley, Peter B., *Yankees in the Land of Gods: Commodore Perry and the Opening Japan,* 1991, pp. 90-91に基づき筆者作成。(下) Google mapを用いて筆者作成。

礎にして臨んだ。この視点が、同じく通商・捕鯨により米国経済の世界展開を支える米国海軍が当時蒸気船を主力としつつあったことと相まって、蒸気船によるカリフォルニアと中国を結ぶ太平洋航路（大圏航路）の途中にある日本が注目されることとなった。しかも、この通商と海軍を基盤とする太平洋地域への進出は、長年米国政治の多数派の地位にあった民主党代々の政権が指向した戦争など武力を背景にした帝国主義的領土獲得ではなく、むしろ外交と通商が重視され、そのような認識に基づき日本遠征隊派遣決定として結実していった。

一八五〇年末における大統領の「年次教書」、および海軍長官の「年次報告」はいずれも太平洋岸と東アジアとを結ぶ通商関係を、それまでのニューヨーク等の「東海岸（East Coast）」と言われる大西洋岸の視点ではなく、太平洋に面したカリフォルニア「州」という「西海岸（West Coast）」の視点で捉え直したものであった。これは、米国が、「太平洋国家」としての側面を備えるようになったことで、「国の形」についての意識に画期的な転換があったことを示していた。

そして、このような政権首脳の認識があったからこそ、翌一八五一年に入って日本に開国を働きかけるため遠征隊を派遣するという新たな政策をとることが可能となったのであった。

第六章　日本へ遠征隊を派遣

一八五一年に入り、フィルモア大統領は日本に開国を迫るための外交使節を海軍艦隊によって派遣することを決定した。大統領の意向に従い、ウェブスター国務長官は、既に海軍長官が米国東インド艦隊司令官に任命していたオーリック提督を、日本との交渉にあたる使節として兼任させ、そのための訓令を与えた[1]。オーリックは米国を出港し、日本に向かっていた途上で海軍長官により解任され帰国命令が発出された。オーリックの更迭により、日本に開国を求める政策が取りやめになることはなく、フィルモアは、後任にペリー提督を充てた。ペリーが東インド艦隊司令官に任命されてから、約一年の準備を経た後、五二年十一月米国を発って、五三年七月浦賀に来航した。

ペリーは久里浜で幕府にフィルモア親書を手交し、回答の猶予を与えるためとして一旦日本を離れ、翌年二月末再度浦賀に来航し、幕府との交渉を経て「日米和親条約」を締結した経緯は、よく知られている。ここでは、ペリーが任を託され、送り出されるまでの過程を、実際のフィルモア政権内の検討過程をたどることで、フィルモアによる日本に開国を求める政策決定の真相を明らかにする。

日本開国政策の決定まで

フィルモア大統領は、一八五一年五月十日付で、「ご高承のように、アメリカ合衆国は今や（大西洋と太平洋）両大洋を結ぶ領域に広がり、オレゴンとカリフォルニアの偉大な両地方は合衆国の一部をなすに至りました。……このような最近の展開が両国を極めて近づけたことから、これが両国間にどのような利益をもたらすことができるか、一緒に考えてはいかがでしょうか」と極めて丁重に日本がそれまでの鎖国政策を改める時期が来ていることを説いた「日本皇帝（将軍）」に宛てた親書[2]に署名した。これがフィルモアによる日本開国を追及する政策が初めて公文書に反映された日である。（なお、後述するように、日本の開国に向け提言をしていたパーマーが、一八五七年に公刊した報告の表題も、『合衆国政府が一八五一年五月一〇日決定した日本への遠征隊の起源を示す資料と事実』とした[3]。）

そして、大統領の意向に従いウェブスター国務長官がオーリック提督に対し「（フィルモア）大統領は、カリフォルニアと中国を結ぶ蒸気船による航路を確立するため、……（日本の開国を求める）手が直ちに打たれるべきであると判断している」とした訓令[4]をもって、大統領親書を日本側に手交し、開国に向けて交渉することを命じたのが六月十日であった。

このような対日政策が確定的になったのは一八五一年の年央であったが、この正式決定に先立ちフィルモア政権の内外で様々な動きがあった。少なくとも前年十二月には日本の開国を図るため艦隊を配下に置く然るべき提督を日本に送り、幕府との交渉に当たらせるという政策がウェブスター国務長官やグラハム海軍長官の提案をもとに、事実上決定されていた[5]。

なお、前任のテイラー大統領が就任した直後の一八四九年四月に、長崎において東インド艦隊所属プレブル号のグリン艦長がラゴダ号遭難船員達を救出したが、その一行の帰国後この船員達に対する日本での「野蛮な扱い」を非難する世論が高まり、日本を懲らしめるべしという気運が高まった。このような世論の動向もあり、テイラー政権のクレイトン国務長官は日本へ艦隊を派遣することも検討していたこと[6]、しかし一八五〇年七月の突然の政権交代によってテイラー政権の検討内容は後継政権に引き継がれることなく立ち消えになったこと等は既に述べた（第二章四節「テイラー政権と日本」参照）。

フィルモア大統領が、テイラー政権から引き継いだ憲政上の危機を自ら終息させた一八五〇年の年末から翌年にかけて、日本から帰国したグリン艦長をはじめ海軍関係者などから、日本に開国を働きかけるべきとする意見が新政権に提示されるようになり、最終的に大統領による政策決定として結実した。

ペリー報告書と真相

フィルモア政権がどのような政策決定過程で日本への遠征隊派遣の決定に至ったかについて、最終的にこの遠征の成功後、一八五六年に出版された『ペリー艦隊日本遠征記』ではペリー自身の認識として次のように記している。

ペリー提督は、詳細な調査の結果、あらゆる状況を考慮しても、日本との通商関係を確立する好機がわが国にあると確信し、その考えを、同僚の士官たち、ならびに政府の高官や身分の高い市民に明らかにした。やがてこの問題は公に議論され、遠征が決定されたのである。もちろんほかにも、おそらくは幾人かの政府高官も含めて、同様の結論に達した人々がいたのであり、彼らもペリー提督と同じく、この問題に関する世論の高まりを見越していたのである。〔事実、当時すでに、東インド艦隊司令官に任命されていたオーリック提督に対し、日本に赴くようにとの訓令が下っていた。また、当時ウェブスターが長官を務めていた国務省は、日本に行ったプレブル号のグリン艦長から、日本に関する情報を求めた。グリン艦長は、日本とわが国との友好的交流を、可能ならば、確立することの重要性を認め、それを力説した。しかしながら、ペリー提督こそが、そのための努力を直ちに払うよう主張したと言っても過言ではないと思われる。いずれにせよ、オーリック提督が解任された際に、ペリー提督は正式に合衆国政府に対して、日本への遠征隊派遣を提案し、派遣が実現した。つまり、（ペリー提督の）提案が採用され、日本との友好的な通商関係を開くために努めるという平和的な使命をおびて、彼の指揮のもとに艦隊を派遣されるべきことが決定された。[7]〕

なお、この部分には以下のような注が付されている。

東洋（the East）との通商関係を樹立することは、あまりにも多くのわが国民の問題意識に上っていたので、誰がこの主題を最初に取り上げたかを確実さをもって述べることはもちろん不可能である。しかし、ある一人の紳士（ニューヨークのアーロン・H・パーマー氏）が最も早くから、この主題の重要性に注意を喚起したことを述べておくことは、然るべきこと（due）である。[8]

ペリーは任を託され周到な準備を行った上で最後に日本の開国を果たしたので、米国外交史上特筆に値する大きな成果を上げたとして高く評価される栄誉を得ている。したがって、自分の提言が最も決定的であったとみなす見解を強調することはそれなりに理解できる。

しかし、ペリーが日本の開国を実現すべしとの提案をした真の功労者であるとするこの報告書については、報告書が公刊された直後から批判が行われていた。具体的には、一八五七年五月に、ジョージ・デーヴィス（George Davis）が一連の史実と資料をもとに、日本開国のために遠征隊を派遣すべきことを提案したのはオーリック提督であったとし、ペリーの報告書におけるオーリックの扱いが資料を無視しており、客観性がないと批判した講演を行い、それが一八六〇年に出版されている。[9] この批判は後世の歴史家からは忘れ去られ、『ペリー艦隊日本遠征記』の見解が無批判に受け入れられてきたようである。

ペリーがその『遠征記』で言及した「日本開国改革改定案」[10] をパーマーがテイラー政権のクレイトン国務長官に提出したことはすでに述べたが（第三章四節「テイラー政権と日本」参照）、彼は、政権交代後、この案をフィルモア大統領および上院議員から国務長官に就任したウェブスター等に配布し、個人的な働きかけを行った。[11]

この提案には、その後ペリーが実際に実施した施策が多く含まれており、パーマー自身は一八五五年になってペリーの功績を軽んじるものではないとしつつ、ペリーによる日本開国は自分の提案の貢献が大きいと自賛し、所要経費の財政負担をするよう求め長年の議論を経て、一八六〇年一月に至って三〇〇〇ドルの支払いが認められた。[12]

ペリーの成功後の功績をめぐり、我こそ最大の功労者とする主張が少なくともペリー自身とパーマーから行われているが真相は、最近の論文、例えばマイケル・オノラトの一九六八年の論文のように「一八五〇年の十二月までにはミラード・フィルモア大統領は日本に海軍の遠征隊を派遣する用意ができていた」「一八五一年一月の時点では後戻りすることは考えられなかった[13]」と述べているように、フィルモア政権が日本に使節を派遣することを内定したのは遅くとも一八五一年一月までの時点であり、「オーリック解任に伴い、ペリーの提案が採用」されるかなり前に行われていた。また、パーマーはペリーの敬意の対象ではあり、また内容的にはペリーも利用したと思われるが、フィルモアあるいはウェブスターがパーマーに説得されたとの資料は残っていない。

そもそも、米国における外交政策決定の最終的責任は大統領にあるので大統領が政策を採用した時点が重要である。

フィルモア政権の閣僚の中ではウェブスター国務長官とグラハム海軍長官がそれぞれの立場から日本に開国を働きかけることを積極的に大統領に提言していたので、その意味では両長官も政策推進の功労者であった。しかし、ウェブスターのオーリックに対する訓令でも、政策の最終決定権を持つ大統領の意向の下の政策であることを明示的に言及し、「(フィルモア)大統領は……(日本の開国を求める)……べきであると判断している」と述べ、続けて、「大統領の指示により、（大統領より）日本の皇帝に宛てた親書を貴官に托するが、貴官はこの親書を麾下の旗艦と可能な限り多くの（東インド）艦隊の艦船を伴い、（皇帝の）首都である江戸に届けなければならない」と述べており大統領と国務長官がこの時点で政策決定をしていたことは公文書から明白である。[14]

グリン艦長が長崎で「救出」したラゴダ号の遭難船員達が日本での過酷な扱いが人道に悖《もと》るものと喧伝したので日本に対する厳しい世論の高まりもあったが、グリン艦長自身がその経験をもとに、より広い視野から米国国内関係方面に積極的に日本に開国を求めることの重要性を語ったことが政策決定の直接のきっかけだった。

なお、フィルモア大統領もグリン艦長と一八五一年年央に面談[15]し、長崎における体験を踏まえた日本との関係の進め方についての意見具申を受けた。グリンは、米国が太平洋岸と東アジアを結ぶ蒸気船の航路を確立するためには日本の開港は不可欠であり、また、日本との通商条約締結も速やかに追及されるべきであるとの提言を行った。大統領はグリン艦長にその提言をウェブスター国務長官に報告するように指示した。実際にグリンがウェブスター宛に提出した報告書[16]の日付は一八五一年六月であったが、実質的にはグリンの提言に沿った政策決定はこの報告書の提出以前に既に下されていた。

他方、このころ海軍の郵政艦隊担当で国内勤務だったペリー提督[17]も、ワシントンで海軍省における政策検討に加わった。[18]そして、ペリー自身、一八五一年一月二十七日付グラハム海軍長官宛文書で、「提案が行われている遠征隊派遣に関連した留意点（Notes Having Reference to a Proposed Expedition）」という提言を提出した。[19]この表題で、「提案が行われている」としていることからもペリーが起案した時点ですでに、日本に対し遠征隊を派遣する構想の検討が進んでおり、その文脈の中で提出されたことを示している。ペリーが提言を出したのが海軍長官の要請によるものか、あるいは、自らの発意によるかは明確ではない。また、この提案には『ペリー艦隊日本遠征記』に示された彼の認識を裏書きするような記録はなく、海軍長官の参考になったとしても、大統領・国務長官がこの提案を見ていたかは不明であり、ましてそれを採用した記録はない。

この提案書の内容は、日本に対してはかなりの海軍力をもって開国を促すべきであるとし、そのためには蒸気艦船三隻を含む総勢四隻の艦隊を組むことが必須であるとしている。さらに、日本では、長崎を避け直接江戸湾で幕府を威嚇しながら交渉し、日本の譲歩を引き出すべきであるとしている。また、日本が海難事故で日本にたどり着いた米国船員に人道的な扱いをしていないことは国際法に反するとして、このような国家に対し軍事力を持って開国を迫ることは十分正当化できるとし、さらに日本の経済力・鉱物資源についても言及し、貿易を行うことは日米双方に有益であるとしている。

この文書で特に注目される点は、ペリーが遠征隊を成功させるためには、いわば二段構えで臨むことを主張し、最初の遠征隊は海軍のみが担当し外交関係者を乗船させることで艦隊司令官が余計な制約を受けないようにすることが大事だとし、一旦軍事的威嚇のもとで今後の進む道が開かれればその後外交使節を派遣しかつ外交関係を進めることができるとしているところである。これはまさにこの提言から二年後、日本遠征隊の司令官としてペリーが実行に移した戦術そのものであった。彼自身は二港の開港と下田に領事館を置くことを合意したことをもって日本開国としたのであり、その後下田に派遣された領事タウンゼンド・ハリスが幕府と外交関係の開設を交渉し一八五八年の「日米修好通商条約」締結をもって日本との外交関係樹立に至った、相次ぐ条約により段階的に進められた展開をこの時点で暗示している。

ペリーのこの提案書をみれば、後日ペリー自身が日本との交渉を行った際、ペリー自身がこの提案で示した自己の主張を実地に移したことは明らかである。しかし、ペリーの認識はともかく、既に述べたようにフィルモアがオーリック提督に託した将軍宛大統領親書は一八五一年五月付であった。ペリーの海軍長官宛て提言が政策決定過程における一つの重要な提言であったとしても、具体的に決定に繋がった提案はフィルモア大統領自身にも意見を述べたグリン艦長と具体的な案をウェブスター長官に直言したオーリック提督によるものと見るべきである

（その意味では、前に述べたジョージ・デーヴィスの見解が、その発表の時点（一八五七年）から見ても、また、公式文書を基礎にしていることからも、信頼性が高いと言える）。

長崎から米国に帰国したグリン艦長の提言によってフィルモア政権が動いたと言えるが、具体的な推進の決め手となったのがオーリックの意見具申であったことは、それを受けた国務、海軍両長官の反応に反映されている。すなわち、前年に内示を受け一八五一年二月に正式に東インド艦隊司令官に任命されたオーリック提督は、赴任準備の最中に、日本人漁民十七名が米船によって漂流から救助されサンフランシスコ港に連れてこられたとの情報に接し、ウェブスター国務長官にこの漁民たちを日本に送り帰すこととし、その見返りに通商のための開国を行うよう日本と交渉することを提言した。提案を受けた国務長官はグラハム海軍長官宛に、既に日本派遣が決まっていたオーリックがこれら日本人を引き受け、日本に送還するため海軍が艦船をさし回すよう要請した（一八五一年五月九日付書簡）[20]。

グラハム海軍長官は国務長官の意向を踏まえ太平洋艦隊に命じ、艦艇一隻をもって日本人漁民をサンフランシスコからとりあえずマカオに搬送し、大西洋・インド洋周りで日本に向かう東インド艦隊司令官オーリックには、マカオにて漁民を引き取った上で日本に赴くことを命じた。

外交政策の直接の担当者としての国務長官ウェブスターはオーリックに対し日本に開国すべきことを訴えるにあたっての長文の訓令を出航直前の六月に発出していた。この訓令では、「毎年多くの米国の艦船がカリフォルニアから中国に向け航行し、また多くの米国民が日本の近海で捕鯨業に携わっている。時たま、天候が荒れ、米国船が日本の海岸に難破することがある。そのような場合すべてにおいて、このような不運な米国国民に対し、米国船を派遣し引き渡しを受けるまでの間、貴国が温情をもって扱い、その財産が保護されることを要請し、また、当然そうなるべきと想定している。このことについて、われわれは極めて真剣である」と遭難船員の扱いを問題視しているものの、総じては太平洋を挟んで隣国となった日本との関係樹立の重要性を強調しており「友好通商条約」交渉の全権を大統領から受けたことなど、この時点での日本に対する働きかけについてのこの老練な外交家の意向を反映したものとなっている。

その特徴は、外交交渉で目的を果たすべきことを強調しており、遭難船員について日本は保護するとの義務を負わせるべきであるとしたものの、日本を武力行使も辞さない覚悟で懲罰するべしとの一部の強硬論の主張に耳を傾けたところは全くない[21]。

もちろん、仮にオーリック自身がそのまま日本に達し、幕府との交渉を行った場合でも、ペリーがなしたような交渉で首尾よく幕府の譲歩を引き出すことができたとは限らないが、幸か不幸かオーリック提督は六月に米国を出航した後、寄港地のブラジルに向かう途次の行動に問題ありとされ海軍長官により、フィルモアの裁可を受けた上で、東インド艦隊司令官の任を解かれた（一八五一年十一月付）[22]。ただし、その通告は当時の通信事情からオーリックがマカオに着くまで本人には渡っておらず、かつ、帰国命令では後任が現地に来るまで艦隊司令官の任に従事することも指示されていた。他方、国務長官からの指示であった日本行きの使節としての任は、事実上無効化されたのでオーリックが日本に行くことはなかった。

フィルモアが一八五二年一月にウェブスターに対し、東インド艦隊司令官でかつ対日交渉を託したオーリックの後任としてペリー提督をあてることを相談した事実を示す資料がある[23]。ペリーが正式に東インド艦隊司令官に任命されたのは五二年三月二十四日、国務長官から日本での交渉に向けた訓令が発出された日付は五二年十一月五日で、ペリーがノーフォーク港を出発する三週間前であった[24]。日本との交渉にあたっての訓令を正式に受ける前に、ペリーは東インド艦隊司令官に任命されるとともに、別途対日交渉の準備に取り掛かり、例えば対日交渉に際しては相当規模の艦隊を編成する必要性を訴え、政府の支持を得て、必要な艦艇の準備が整うのを待ち、その間他の案件にかかわる等の準備を行った。実際にペリーが日本に向けて出航したのは一八五二年十一月二十四日、東インド艦隊司令官に任命されてから八か月も経っていた。

上院での討論

一八五二年四月、ペリーが日本遠征準備に集中していた時期に、連邦議会上院において報道等で話題となっていたフィルモア政権による日本遠征隊派遣計画について、行政府にその目的等を報告するよう求める提案が出された。これによりこの外交問題について政府に報告を求めることの是非、具体的な報告の在り方などをめぐって、かなりの議論が行われた。上院での討議は、その内容もさることながら、当時の米国政界では日本遠征隊派遣問題が、フィルモア大統領ないしフィルモア政権の外交政策の一環として認識されており、遠征隊派遣の成否はそのまま大統領とその政権の成果ないし失政となるべきものであることが当然の前提となっていた。

そもそも、米国議会はかねてから折に触れ、経済界あるいは世論を反映して日本についての関心を示していたが、特に一八四八年にカリフォルニアをはじめ太平洋岸が領土に編入された後は、その頻度も高まった。

まず、一八四九年から五〇年にかけてのテイラー政権下では、ラゴダ号の遭難船員が帰国後、拘束していた日本当局の過酷な取り扱いを喧伝した結果、日本を制裁すべしとの世論の盛り上がりもあって、決議案が提出されたことはすでに述べた（第三章四節「テイラー政権と日本」参照）。テイラー政権の末期からフィルモア政権の最初の二か月の間、議会では南北間の対立を反映した討論が最大の課題であったが、「一八五〇年の妥協」により一応収束を得て内政上の落ち着きが戻った。一八五〇年十二月に、フィルモア大統領が議会に最初の「年次教書」を提出した頃、すでに述べたように、政権内で日本遠征隊派遣が検討されていたが、まだ「年次教書」で議会に報告するような段階ではなかった。

また、フィルモア大統領がオーリック提督を日本に派遣することを決定し、彼が出港した一八五一年の年央には、その決定を公にしなかったこともあり、議会での関心の対象にはなっていなかった。オーリックが順調に日本に向かっていたのであれば、十二月、第三十二議会第一会期の冒頭で大統領が提出した二度目の「年次教書」において何らかの言及が行われることはあり得たであろうが、日本に向け航海途次のオーリックに解任命令が発せられた直後でもあり、オーリック遠征隊について言及はなかった。

一八五二年三月上旬になって、連邦に加入したばかりのカリフォルニア州初代上院議員として選出された民主党のウィリアム・グウィン（William Gwin）が、大統領に対し、ビドル艦長の幕府とのやり取りを含め、当時現存した米国と日本との関係に関する資料提供を求める決議案を提出し、採択された。[25] グウィンがこの提案を行った背景は議会議事録からは明らかでないが、半年以上前に政権が日本遠征隊派遣を決めており、公式発表はなくとも、世上様々な報道もあった（すでに前年二月には、プレブル号グリン艦長が自身の対日構想を新聞紙上で明らかにしていた）[26] ので、行政府に現状報告を求めたものと言える。また、グウィンはもとは南部出身であったが、この時点ではカリフォルニア州を代表していたので、太平洋方面進出に関心が強かったと思われる。

この採択された決議を受け、四月八日付でフィルモア大統領が「三月四日の上院決議に従い、国務長官の報告書を関連資料とともに送達する」との返答を提出した。これを受けた上院は十二日に「日本帝国に関連し、米国と日本との間の現在の関係を明らかにする公式の文書」を受け取ったことを確認し、「上院の利用のため印刷することを決定した」[27]。この一件書類の中には一八五一年年央のフィルモア大統領親書、[28] オーリック提督宛ての訓令等が含まれている。なお、この時の大統領からの資料提出は、三月末から四月上旬にかけて、上院で繰り広げられた活発な議論を招いた決議案（四月八日採択）とは時期的には相前後してはいたが、ペリーの遠征隊派遣を前提とした後者の決議に対する直接の回答ではない。

フィルモア政権の日本遠征隊派遣計画そのものが上院で取り上げられたのは、一八五二年三月末から四月上旬にかけてであり、発端はアーカンソー州選出・民主党ソロン・ボアランド（Solon Borland）議員の提案した決議案であった。

ボアランドは民主党の中でも中米・カリブ海方面に米国領土を拡張することにひときわ熱心であったので、この決議案提出の思惑は、ホイッグ政権の日本開国政策を批判し反対する趣旨であったと見られる。[29] まさに、この提案をめぐっての上院での議論は、その発端から一応の結論に至るまで、表向きの議論の背後の与野党間の駆け引きが見られること、与党ホイッグ党は、奴隷制問題をめぐる急進派と穏健派（融和派）の深刻な対立にも関わらず日本遠征隊派遣に関して一致して政権を支持していたことが特徴的である。

まず、ボアランド議員はこの年の三月三十一日の本会議で「一昨日、下院において、日本遠征隊が本日にも出航するとの発言があったと承知する」として「日本沿岸に向かうべく下命された海軍遠征隊の目的について、司令官に与えられた訓令とともに、明らかにするよう海軍長官に要請する」との決議案を提出した。その際、「他の政府部門の同様の事例に照らし、この遠征隊の費用について財政支出で負担することを（予算）要求されることは必至である」ので、上院さらには国民にその目的を明らかにするべきである、と提案理由を説明した。[30]

この決議案は、翌四月一日の上院本会議のほぼ全ての審議時間を使って討論が行われた。[31] その争点は、その後の議論をも含めてまとめれば、政府が外交活動として遠征隊を粛々と派遣するのであれば、その目的等を公開の場で説明させ国民一般に明らかにすることは、日本開国に関心を持つ諸国に米国の手の内を明かすことになるので望ましくないという政府に配慮した与党の反対論と、財政上の負担につながるので国民の前に明らかにするべきであるとの野党の議論の対立であった。

しかし、ボアランド議員の真の目的が政権批判にあったことは、同議員の発言として、ホイッグ党は民主党政権の下でのメキシコとの戦争など領土拡張政策に反対していたにもかかわらず与党となると政権の進める日本との関係樹立という対外積極策を支持するのは矛盾している、との趣旨があることからも見てとれる。さらに、同議員は四月八日、本会議が引き続き本件を討議した際、政府が日本遠征隊派遣を計画している事実が、ウェブスター国務長官に近く、「ウェブスター大統領実現に向け積極的に動いている」ことで知られる地元紙に、ペリー提督が指揮する遠征隊を構成する艦艇名をはじめ各艦の艦長名等詳細な報道があることを、同紙を引用しながら説明したことにも、政権と与党批判の意図が反映されている[32]。

八日の討議の中でホイッグ党議員は、結局のところ日本遠征隊派遣が実際に行われるのであれば支持すべきであり、他方その目的を議会に明らかにすることには外交上の不都合もありうるとの立場でボアランド決議案には消極的であった。なかでも、奴隷制をめぐるホイッグ党内の対立でフィルモアと対極にあったスワードは、この問題では政権を支持する立場を明確にし、要旨を次のように述べた。

現在米国が太平洋岸に達したことを考慮し、太平洋および東洋との位置関係を見ると、東洋との貿易は過去二百年にわたり条約、海軍遠征、軍事力で欧州列強がお互いに分かち合っており、日本との貿易についていえば一国が独占している。このような状態において、この場で質されるべきことは、何故今、米国政府が日本に遠征隊を派遣するかではなく、何故米国がこれまでに派遣してこなかったということであるべきだ。[33]

同日の審議後の採決に際し、別の議員による議案の棚上げ動議は否決された後、本決議案の採決を一日延期する動議が採択された。ただし、議事録等の資料による限りでは、ボアランドによる、上院の大勢に従い非公開会合で扱うことに渋々同意した、との発言（四月一八日）とその後、非公開にする理由がなくなったので後日本会議で決議案を取り上げたい、との発言（四月二六日）以後、本件についての帰趨が不明となっている。[34] この間の事情は明らかではない。しかし、既に述べたように、同月一二日に上院は大統領からオーリックの下の日本遠征隊派遣に関する資料を受け取ったことをもって、ペリーの遠征隊の目的も事実上上院に（非公開ながら）提示されたのと同じ結果となったので、それ以上の追及の意味がなくなったと思われる。

その後、フィルモア自身によってその年の十二月の議会に対する施政報告としての大統領「年次教書」で、日本遠征隊派遣について、政権として初めてその目的等を公にした。これをもって日本遠征隊をめぐる行政府と連邦議会との関係は落着したと言える。

ボアランドの提案に端を発する上院での討論が示すことは、ボアランドの思惑が政権非難、さらにはウェブスターの大統領選挙出馬の意向にも言及しながら、その年の大統領選挙を念頭に置いた政争の一部であったことである。また、その中にあって、与党ホイッグ党では、大統領選挙に向けては、後述するようにスワードを長とする急進派とフィルモア大統領・ウェブスター国務長官の融和派とが、奴隷制の廃止か連邦統一維持かの優先順位を巡り厳しく対立していた中で、こと対外政策については、平和裏に通商関係を展開するという伝統的ホイッグの立場を共有し、日本遠征隊派遣を支持したことが意義深い。

日本との関係に初めて関心を表明した年次教書

フィルモア大統領が日本の門戸開放を目標とする政策を決定するに当たり、当時の国内情勢、特に経済界や政界さらには一般国民世論の動向が当然のこととして大きく影響した。フィルモアは、一八五二年十二月六日付で第三十二議会第二会期開会に合わせて議会に提出した三回目の大統領「年次教書」[35]で、自分の言葉で政府が日本開国のため使節を派遣した理由を述べ、この政策に託した米国の意図を簡潔に明らかにした。政策決定の理由について上院で、特に野党から、政府の説明を求めるべきであるとの意見があったことは前に述べた。

憲法上の義務である米大統領の議会に対する「年次教書」[36]の建国以来の歴史の中で、日本との関係に初めて関心を表明したのがこの「教書」であり、そのこと自体が歴史的であった。大統領は、あまたの外交課題の説明の一項目として、日本への遠征隊派遣の経緯等を説明した。この「年次教書」の議会送付の日付はペリーが日本に向けノーフォーク港を出港した二週間後であり、したがって大統領にとっても未だ遠征隊の任務の成否は五里霧中である時点であった。

なお、既に述べたが、日本についての政策決定とオーリック提督指揮下の遠征隊の出航は一八五一年に行われたので本来ならば同年末の「年次教書」で説明があってもよかったのであろうが、彼がその年の十一月に解任[37]され、後任としてのペリーがまだ正式に発令されていない時点では「年次教書」での報告になじまなかった。

フィルモアの三回目の「年次教書」での日本関係部分は以下のとおりである。

太平洋岸のわが国民は、太平洋における米国の通商に早くも大きな拡大と新たな方向性を与えた。東アジアとの直接の交流が急速に増えている。

また、米国捕鯨船は近年北太平洋、さらには北極海にも、進出している。

蒸気船の利用は日増しに常態になりつつあり、米国太平洋岸とアジアとの航路の間の有益な諸点で燃料その他必要物資の補給のための適切な拠点の確保が必要である。

米国の船員で東（アジア）の海域で不幸にして遭難した者は十分な庇護を受ける権利がある。

以上の具体的目的に加え、米太平洋岸の州の繁栄のために、対岸にあるアジア諸地域が相互に有益な交流のために開放される試みが行われるべきである。

この試みを行うに当たり、遠方の地を植民地として従属させることを容認していない憲法体制を持つ米国は、他のいかなる国より大いに有利な立場にある。

したがって、海軍において最も高位であり、分別と知見のある海軍将官の指揮の下の、適切な規模の海軍艦隊に、日本（原文"Japan"図6－1参照）に向かうように命令を下した。

この高官には、日本が二世紀余り採用してきた非友好的で反社会的な（鎖国）制度を少しなりとも緩和することを日本の政府から確保すべきことを訓令した。また、彼に対し特に、米国の難破船員が（日本で）多くの場合残酷な取り扱いを受けていることに最も強い表現で抗議し、今後はそのような難破船員に対しては人道に則り扱うよう強く求めることを指示した。

同時に、彼に、（日本）政府に対し米国の目的は既に述べた諸点に限られており、この遠征隊の目的は友好的であり平和的であることを十分に保証するよう指示した。

一般に東アジアの諸政府が外国人からの働きかけに対し猜疑心を持っているにもかかわらず、自分としては、今回の遠征が有益な結果をもたらすことに希望を持っている。

もしも、これが成功裏に終われば、その成果を享受するのは単に米国にとどまらず、ちょうど中国についてそうであったように、すべての海洋勢力によって等しく享受されるものである。

（この後に続けて、オランダ国王の協力に謝意を表明した一文が続くが、その部分は第七章で取り上げる。）

フィルモア大統領がこの「年次教書」で行った説明による日本への遠征隊派遣の目的を要約すれば、太平洋航路を航海する蒸気船のための燃料補給拠点確保と、捕鯨船をはじめ遭難船員の庇護確保の二つを具体的目的とし、開港による貿易取引については補足的な目的という書き方になっている。

まず、「太平洋岸のわが国民は、太平洋における米国の通商に早くも大きな拡大と新たな方向性を与えた。東アジアとの直接の交流が急速に増えている」として、最大の関心が太平洋岸の発展のため東アジアとの通商の活発化にあることを示している。

なお、この太平洋岸の発展のため、太平洋航路による大西洋岸東北部諸州の産品の東アジア市場に向けた輸出を容易にするため、中米地峡をまたぐ鉄道路ないし運河構想に大きな関心を抱いており、フィルモア政権下の対外政策の大きな部分が、中米地峡において米国に好意的な国際環境を構築することに費やされていた。この「年次教書」でも日本関係部分以上の紙幅を使ってこの問題に言及している。ホイッグ政権が、日本に対し開国を求める外交を進めたと同時期に中米地峡における権益確保のため中米外交に腐心したことは、太平洋航路が米国にもたらす比較優位を確実にするための両面作戦であったと言える。

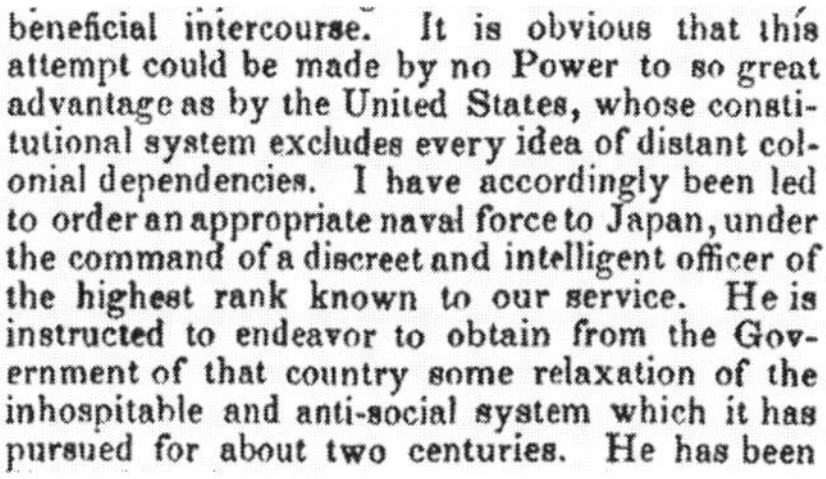

beneficial intercourse. It is obvious that this attempt could be made by no Power to so great advantage as by the United States, whose constitutional system excludes every idea of distant colonial dependencies. I have accordingly been led to order an appropriate naval force to Japan, under the command of a discreet and intelligent officer of the highest rank known to our service. He is instructed to endeavor to obtain from the Government of that country some relaxation of the inhospitable and anti-social system which it has pursued for about two centuries. He has been

図6－1　フィルモアが年次教書で日本遠征隊派遣に言及した箇所（1852年12月6日）

海軍遠征隊司令官について、具体的氏名に触れず、「海軍将官」とのみ言及。

出所：President Fillmore's 3rd Annual Message, The Congressional Globe, 32nd Congress, 2nd Session, p. 8.

捕鯨船等の難破船員については、ラゴダ号船員の帰国以来日本の仕打ちに対する世論の不満を踏まえているが、一般的に諸国には遭難船員等を保護する義務があるとの原則を述べ、抗議と今後の改善を求めた指示にとどまっており、懲罰を加えるべしとの一部の主張は排除し、制裁云々は不問にしている。この点はフィルモアとウェブスターの政治姿勢をよく表し、鎖国中の日本に対する取り組み姿勢において、懲罰ではなく、通商（特に、太平洋航路上の石炭補給基地としての視点）に優先順位を置いている。

日本を市場として開放することは、二つの具体的目的に加えた補足的なものとの書きぶりで、「（日本開国）の成果……は単に米国にとどまらず……すべての海洋勢力によって等しく享受されるものである」と述べている。米国として日本市場の独占を求めるものではなく、外国に等しく開放され利便が享受されることを強調している。フィルモアとウェブスターが、砲艦外交と言われる武力の威圧ではなくて、相手を対等に扱う姿勢を示しことで、実力により独占的支配を追求する植民地獲得政策との違いを表している。

大統領はこの「年次教書」において、任を託した提督の氏名に言及していない。他方、教書に付属して議会に提出されたジョン・ペンドルトン・ケネディ（John Pendleton Kennedy）海軍長官の「海軍長官年次報告」（同年十二月四日付）[38]は、大統領の説明を敷衍する形で、海軍が当該一八五二年において、「日本帝国と、親善と通商の関係樹立のため、国務省との連携の下で、東インド艦隊を展開する準備に傾注した」との書き出しのかなりの長文の遠征隊について説明が記載されている。その中で、東インド艦隊司令官としてのペリー提督が、日本遠征隊の任を与えられたことを踏まえ、日本開国の事業の規模の大きさに照らし、通常の同艦隊麾下の艦艇に四艘追加する旨を延べ具体的船名を挙げている。説明の内容はもちろん大枠では大統領のそれと大きく異なるわけではないが、鎖国中の日本を「半開」の国として扱い、そのような国が自国の閉鎖性を守るための野蛮な国法のもとで米国遭難船員に厳しい扱いを行うことを非難し、米国がキリスト教諸国の先頭に立って、「異教徒」諸国に開明をもたらす、といった議論を行った。さらに、「日本の開国は、すべてのキリスト教国の通商活動にとって、また、米国の捕鯨船船主達、カリフォルニアと中国の間を往来するすべての人々にとって、必要と認められている」等と大統領の説明に比べ踏み込んだ、海軍長官としてはかなり文明論的な説明を行った。このような考え方は、前年の年央にオーリックに授けたフィルモアの意向を踏まえたウェブスターの訓令に比べ軍事力をもって開明を図るというペリーの考え方が反映されているようにうかがえる。

なお、フィルモア政権は日本の開国を図るため派遣する使節として、まずオーリック提督（当時東インド艦隊司令官）、その解任後の後任にペリー提督（彼自身は幕府に対しては「東インド・中国・日本海域艦隊司令官」と称した）を任命したが、すでにペリーあるいはグリンの提案等当時の日本開国を主張する者は海軍提督を使節とすることに期待していた。それは十九世紀前半、海軍高官が外交使節としての任務を本来業務である艦隊司令官としての役割に重ねることはよく行われていたからである。ちなみに、ペリー提督自身の経歴を見ると、多くの『軍功』に加え、「トルコ、ナポリ、アフリカ、そしてメキシコで交渉において成功を収めた」経歴をもっており、海軍外交官（naval diplomat）として優秀な存在であったと言われている。[39]

また、この時点での海軍は、米墨戦争を終えて平時の展開として各艦隊が世界の海域に展開していた。したがって、東インド艦隊司令官に、日本開国のために遠征隊としての任務を追加的に加えるにあたり、通常以上の艦艇数を加えることは不可能ではなかった。

他方、一八六一年四月に勃発した南北諸州間の内戦（南北戦争）により、海軍は「有事」[40]の運用になるが、このことは、歴史の歯車を十年先送りし、南北戦争の初期における動向を見ると、南北戦争勃発時に米海軍の軍艦はすべて北部側の管理下に残った。当時全艦艇の内三十隻が世界各地に展開し遠隔地にあった。[41]リンカーン大統領は戦争開始直後に、海軍に対し南部諸州の沿岸の封鎖命令を発出したので、遠方の海域に展開していた艦艇も本国に戻り、新たな任務に就かざるを得なかった。

つまり、オーリックにしてもペリーにしても、海軍最高位の提督を日本に派遣できたのは、「一八五〇年の妥協」が成立したので内戦（南北戦争）が十年繰り延べていたからと言える。歴史に「もしも」はないが、仮にタイラー政権が続き、内戦となっていれば、日本に向けた遠征隊の派遣は難しくなったと思われる。

日本遠征隊の派遣は、当時の米国が、一八四〇年代中期と一八六〇年代初期の二つの「戦時」の合間の「平時」にあったからこそ可能であった。

第七章　二通の親書、二人の提督

フィルモア政権の日本開国政策の目標は、前述の通り、第一に太平洋航路の蒸気船燃料補給拠点確保、第二に捕鯨船などの遭難船員の庇護確保、そして補足的なものとして貿易取引の三点に集約される。

この目標の実現のためにフィルモア政権が採用した日本遠征隊派遣政策の具体化にあたり、第一に実際の対日交渉にあたる使節には海軍の提督級の軍人を充て、文民外交家は最初の段階では採用しないこと、第二に相当な数の軍艦をこの使節を兼ねる海軍提督の指揮下に置くことで艦隊の無言の圧力を背景に外交交渉を有利に運ぶこと、第三にその使節には米国の元首たる大統領が日本の元首とみなした徳川将軍に対し「日本皇帝（Emperor of Japan）」に宛てた「親書」をもって直接働きかけることの三要素を重視した。このうち、指揮官の人事と艦隊の編成は海軍長官の所管であり、外交使節としての日本との交渉について訓令と大統領親書の用意は国務長官の責任であった。日本を相手にしたこの外交努力を両長官の上位にあって統括したのが大統領であり、この政策は政権あげて取り組んだものであった。

ところが遠征隊の日本派遣はその初頭の想定外の事態で、出鼻をくじかれることとなった。日本遠征隊司令官として将軍宛大統領親書を託された東インド艦隊司令官オーリック提督が、旗艦サスケハナ号（Susquehanna）で一八五一年六月に米国を出発したものの、途中別用務でブラジルに立ち寄るまでの往路で起こった問題が本国に伝わり、結局グラハム海軍長官によって、大統領の了解の上で、十一月付で司令官を解任されてしまったからである。[1] なお、オーリックはマカオに到着し彼を解任する旨の通知を受け取るまで事情は知らなかったが、解任命令は艦隊司令官として解任するものの、後任に引き継ぐまでは任に留まるべしというものであった。

日本に派遣したオーリックの更迭という想定外の事態にもかかわらず、フィルモア政権の日本の門戸開放を求めるという基本政策自体は変わらなかった。大統領以下は更迭したオーリックの後任に相応しい人材を求め、ペリーが任命された。ペリーは与えられた任務の成功のために周到な準備に時間をかけ米国を出発したのは一八五二年十一月であり、オーリック出航の一年半後であった。ペリーは、出発直前に新たな訓令を与えられ、また、オーリックが携行したままになっていた大統領親書に代わる新たな親書を託された。実際に幕府に手交された大統領親書はペリー携行のものであり、オーリックが携行した親書は歴史上の幻に終わった。

二人の提督の出航、二度の訓令、二通の親書の間には一年半の時間の経過があった。この間フィルモア政権の対日政策には変化はなかったものの、フィルモア政権をめぐる内政事情が大きく変わり政権基盤が弱体化した。この結果、ペリーは、もともと任命受諾の際にかなりの裁量の幅が与えられていたが、政府内の変化により自身の判断を押し通す余地が一層拡大し、その結果ペリーとして自らの裁量によって最終的な目的を達成することができたと言える。

以下では、二人の提督の人事にまつわる背景と二度の訓令と二通の親書それぞれの背景について比較し、さらに事実上ペリーの起草ともいえる親書とウェブスター国務長官の手になるオーリックが托された「幻の親書」とを対比することにより、フィルモアとウェブスターという当時の政権首脳の意向と、グラハム海軍長官の辞任[2]、あるいは第九章で詳しく述べるように、フィルモアが一期で任期を終えることが確定したこと、さらにはウェブスターの死去といった、一連の事態がペリーにとって自身の思惑を一層前面に出す余地ができた経緯をみる。

日本遠征隊司令官

まず、フィルモア政権が日本に遠征隊派遣を決めた際オーリックの提言に基づいていたことから、日本との交渉はオーリック提督に任せることが当然の前提であった。彼に対する訓令と彼に託された大統領親書いずれもがフィルモアが国務長官に任命したウェブスターの意向を反映したものであった。ウェブスターは、フィルモア政権の最重要な閣僚であったのみならず、一八四一年から四三年までタイラー大統領の下で国務長官を務めた外交家でもあった。一八五一年の年央は、フィルモア政権が内政の危機を乗り越え基盤が強化された時点であり、老練な外交家でもあった国務長官が各方面からの提言を踏まえつつ外交交渉により日本の開国をはかる政策の採用に際し積極的な役割を果たした。

オーリック提督は一八五一年二月に海軍長官により東インド艦隊司令官に任命されたが、米墨戦争において連邦海軍のフリゲート艦ポトマック号艦長として参戦した、すでに四十年以上海軍に勤務した経験を有していた。彼は正式発令の二か月前に内示を得ており、そのころ米海軍をはじめワシントン有識者の間で論じられていた日本を開国させるべきとの議論に、積極的に参加した。そしてその頃、米国艦船が救出した日本人遭難漁民がサンフランシスコに送られたことを知り、オーリックは彼らを日本に送り届けることをきっかけに日本政府に開国を働きかけることをウェブスター国務長官に対し提案した。ウェブスターはこれを採用し、グラハム海軍長官に働きかけ[3]、大統領もこの構想を採用することとなった。

オーリックは六月に出発したが、十一月にグラハム海軍長官がオーリックを解任した。ただし解任通知が本人の手元に届いたのは数か月後のマカオにおいてであった。彼にとってこの不名誉な措置の理由の一つは、艦隊司令官のオーリックと旗艦サスケハナの艦長ウィリアム・インマン（William Inman）との間の個人的感情的な対立からオーリックがインマンに直ちに帰国することを命じたことについて、グラハムがオーリックの非を問うたことであった。さらに、米国からブラジルに派遣された新任公使ロバート・カミング・シェンク（Robert Cumming Schenck）を同乗させ、ブラジルに立ち寄ったが、シェンクがオーリックについて厳しい評価を海軍長官に送ったことが重なった。特に、シェンクがホイッグ党の有力者だったので、政権としてもその意見を無視できなかったのであろうとされている。オーリックがマカオで解任の通知を受け取ったのは一八五二年二月であったが、彼は、後任に引き継ぐまではその任に留まることも命じられていた（彼による受領確認は二月二十日付、現地を離任したのはペリー到着前の三月十一日）[4]。他方、日本遠征の任務からはその時点で解かれ[5]、「したがってオーリック提督はその（日本との交渉についての）訓令に従った行動は起こさなかった[6]」。

グラハム長官は一八五一年十二月海軍長官年次報告の東インド艦隊の項で、既に内々には解任通知を発出してあったオーリック提督の名を出しつつ、彼の指揮下で旗艦サスケハナ号がブラジルのリオデジャネイロに立ち寄りブラジルの前駐米公使と米国の新駐ブラジル・シェンク公使を送り届けたとし、さらに最新の交信では既に喜望峰を経て最終目的地に向かったと報告するにとどまっている。さらに、同報告書は「（サスケハナ号という）最新で適任の蒸気艦船が（東インド）艦隊に新たに配属されることで、東洋諸国に対し米国との利害関係と通商に好印象を与えるであろう」と新たに建造され東アジア海域に配備された蒸気艦に注目した記述をしながら、オーリックに托した日本に開国を働きかける任務については一切言及していない。[7]このことは、十二月二日のフィルモア大統領による第二回目の「年次教書」にも日本遠征隊派遣について記載されていない事実と合わせると、政権側としてはオーリックの解任を決定していたものの、本人はまだ赴任の途上にあり解任を知らないので、その事実はあえて公にせず、他方彼に托した日本遠征についても政策としては決定していたがこれも敢えて触れないこととしたと言える。[8]

なお、オーリックは後任であるペリーのマカオ到着を待たず、部下に艦隊を任せ現地を離れた。本国では後日、提督の解任の是非をめぐり内部調査が行われ、次のピアース民主党政権のドビン海軍長官は、オーリックに規則違反はなかったとして、グラハムが挙げた廉に根拠なしとして無罪とし名誉を回復した。[9]米国における文武高官人事が時の政権事情に左右される事例であったようである。

オーリックの解任を受け後任探しを行った政権側は、米海軍の名門出身のみならず米墨戦争での海軍総司令官として武勲を挙げて評価も高かったマシュー・カルブレイス・ペリー提督に白羽の矢を立てた。彼は知将の誉れ高く、また海軍戦力を従来の帆船から最新技術だった蒸気船に転換することを主導したので、「蒸気船海軍の父（Father of the steam Navy）」とも評されていた[10]。ペリー自身は本来地中海艦隊司令官を望んでいたので東インド艦隊司令官を提示され躊躇したと言われている。また、オーリック提督はペリーの七歳年上であったが、海軍での昇進が早かったペリーとしては、米墨戦争時の自分の部下であったオーリックの後任となることに不満もあったようであった[11]。

ペリーは日本開国の全幅の責任を与えられること、さらに指揮下の艦隊を増大すること等を条件として求め（海軍省は通常の艦隊規模の三倍もの艦艇を指揮下におくことに応じた）、任務を受諾した。彼の東インド艦隊司令官への海軍長官による正式任命は一八五一年十二月であった。また、ペリー提督は海軍の名門であったのみならず姻戚関係により民主党系の大物と関係深かった[12]。

ペリーは発令から赴任のための出航までに一年近い月日をかけ、極めて周到な準備にあたった。その一端は、最新鋭の艦艇が自分の艦隊に配属できるようになるまで待つための時間であり、また日本について各分野の専門家、経験者から聴取すること、あるいは日本遠征隊に海軍軍人だけではなく科学的な調査を担当する学識経験者の募集等を行った。

なお、一八五二年の夏にはフィルモア政権が直面していたカナダ沖漁場での米漁船の漁業権をめぐる英国との紛争解決に向け、急遽ペリーが派遣され、この暫定任務に当たったことにも時間を要した。[13]

彼が期待した艦船の準備は遅れ、それ以上待つことなく（後日現地で合流することを期して）ノーフォーク港から日本に向けて出港したのが一八五二年十一月二十四日であった。

訓令——ウェブスターとコンラッド

一八五一年六月、オーリック提督は、ウェブスター国務長官から日本との門戸開放交渉についての訓令を与えられ、出航した。

オーリックが日本に向かう途中解任され、ペリー提督がその年の十二月に後任として日本遠征隊責任者を兼ねた東インド艦隊司令官に任命され、長い準備期間を経て、翌一八五二年十一月五日付のチャールズ・コンラッド国務長官代行（Acting Secretary of State, Charles Magill Conrad）による訓令を受け、まもなく出航した。

この二つの訓令を比較すると日本遠征目的については大統領が一八五二年の「年次教書」で掲げた理由の範囲内であり違いはないが、具体的な日本に対する基本姿勢にいくつかの違いがみられた。

すでに述べたようにオーリックに対する訓令はグリン艦長の提案の路線に沿ったものであり、かつ、ウェブスター長官の意向が反映されたものであった。その結果、ウェブスターの訓令は外交努力を前面に出し、武力の威嚇を控えるように配慮した訓令であった。

これに対し、ペリーに対するコンラッド長官代行からの訓令[14]は、目的の追及は交渉で平和裏に行われるべしとしつつも、交渉が上手くゆかない場合は、特に「今後、遭難船員の処遇が人道的配慮をもって行われなければ、厳しく懲罰されることとなる（will be severely chastised）」、と武力行使を排除しないことで威圧する余地を与えたものであった。この理由は、コンラッドがウェブスターが十月下旬に死去し、後任の長官が正式に就任するまでの間、暫定的に国務長官代行に充てられた陸軍長官でありウェブスターのように外交に経験は深くない暫定的な人事であったので、実質的にはペリーが起案した案をほぼそのまま採用したことによると言われている。なお、遭難米国船員に対する仕打ちに対し、武力による威嚇をもって日本を善導することが国際的に許容されるという理論は、五一年一月の海軍長官宛ペリーの提言中にある、「遭難外国人に対するひどい扱い」等の「国際礼譲に対する違反、あるいは、再三示される不必要な残酷さ」は武力制裁を正当化するとの見解と軌を一にしている。[15]

また遠征艦隊の構成についてもオーリックに対しては東インド艦隊の麾下の艦艇二隻程度を艦隊から日本向けに割り振ることが想定されていたが、ペリーは持論に従い強大な艦隊を用意し、要すれば艦隊を江戸湾奥深くにすすめ江戸を射程距離に置くことも辞せずとし、幕府側を威圧することを提案し、大方その要求が認められた。[16]

硬軟二通りの親書

フィルモア政権の日本開国政策において、米側が日本の元首と見做した将軍宛てに大統領から親書を伝達することは重要な政策手段として当初から考慮されていた。

そもそも一八五一年年央にフィルモア政権が日本遠征隊派遣を決定したことを公式に反映した最初の公文書が五月十日付で大統領が署名し、ウェブスター国務長官が副署した将軍宛親書であった。ペリーが派遣されるに際して、政府は一八五二年十一月十三日付で再起案した大統領親書をペリーに託したが、ペリーが久里浜で幕府側に手交したのは当然ながらこちらの親書であった。

こうしてフィルモア大統領が署名した「日本皇帝」宛親書が二通あり、一方はオーリックの手元に残り、実際には幕府側に届けられることがなく幻に終わった。しかし、この親書の内容は既に述べたように一八五二年四月に大統領が上院に提示した日本遠征関連文書の中に含まれていたので[17]、オーリックの携行した親書の存在は少なくともこの時点で上院議員の間では知られていた。

これら二通の親書を比較するといくつか異なる点がありそれぞれの背景を反映しているという意味で、約一年間の時間差の間に生じた、大統領の政治的地位の変化、国務・海軍両長官の交替という政権側の状況変化を表し、最初の親書はウェブスターの意向に沿って「軟」、後の親書はペリーの姿勢を反映し「硬」、と言える違いがある。

まず、両者の違いは冒頭の挨拶部分で大統領が親書を託した使節について言及した際の書きぶりに現れている。フィルモアがオーリックに托した親書（一八五一年五月十日付）の書き出しは、「偉大な良き友よ、私は、この書簡を、私が任命した合衆国の高い位の軍人にして宣教師では全くない使節に托し貴下にお送りする」となっているのに対し、ペリーに托した一八五二年十一月十三日付親書では、「偉大にして善良なる友よ。私は、この公式書簡を、合衆国海軍の最高位にある一将官で、この度貴皇帝陛下の領土を訪問する艦隊の司令官であるマシュー・C・

ペリー提督に托して送るものであります」とある。

つまり、ペリーが起案したとされる親書は「マシュー・C・ペリーという米国海軍の最高位の高官（an officer of the highest rank）」と携行者の名前を明示しており、単に「自分が任命した高官（an officer of high rank）」と記載されただけである「幻の親書」との違いにオーリックとペリーの大統領との関係の違いが表れている。


また、いずれの親書も日本との間に友好通商関係を樹立することを求めるものであること、近年米国はカリフォルニア州を含む太平洋岸が領土に加わったこと、太平洋を挟み日本と向かい合うようになったこと、時折日本の近海で遭難する捕鯨船員に対しては温厚な取り扱いを求めること、日本には石炭が豊富に産出するので太平洋航路を遊弋《ゆうよく》する蒸気船に燃料の補給を求めること等を記している点では相違はない。

まず、オーリックの携行した親書を見てみると、導入部とむすび以外にそれぞれ短い五段落で構成され、概要以下の内容となっている。[18]

一、米国は、今や大洋から大洋までの広がりを持ち、金銀等の資源に富むオレゴン・カリフォルニアの両邦（the great countries of Oregon and California）が領土となったので、米国の蒸気船はこれらの地から貴国に二十日で達する。

一、カリフォルニアと中国の間を米国の船が頻繁に行き来するようになったが、日本の近海を通るが嵐で難破することもありうるので、米国国民、財産の保護が与えられる貴国にお願いし、またそう期待する。また米国人が貴国の国民と交易できることを望むが、貴国の国法を破ることを許すことはない。

一、貴国との友好裡の通商関係樹立以外の目的はない。

一、貴国には石炭が豊富にある、カリフォルニアと中国の間を往来する蒸気船に不可欠であり、貴国が指定する港で購入が可能となればありがたい。

一、多くの意味で貴国との通商は両国にとり有益である。

最近の事態の進展で、両国が極めて近くなったので、双方にとり利益となる関係を一緒に模索しよう。

これに対し、ペリーが携行し、幕府に渡った大統領親書[19]は扱う項目の内容はあまり変わらないが、長さで倍ほどあり、それぞれの項目が総じて詳しくなっている。

加えて、結びに際し、「友好関係、商業、石炭及び食料の補給、およびわが国難破国民に対する保護こそ、私が、そのためペリー提督に強力な艦隊を従えて、貴皇帝陛下の名高い江戸の都市に訪問するよう派遣する唯一の目的なのであります」として「強力な艦隊」を配下においていることを強調している。このような「強力な艦隊」への言及は前年の「幻の親書」にはなく、外交交渉を重視したウェブスターに対し、ペリーは親書の冒頭の「米国の憲法と法令は多国の宗教あるいは内政への介入を禁止している」との説明しているものの、ここでは「衣の下の鎧」をちらりと見せて威嚇効果を狙ったところである。「砲艦外交」といわれるペリーの幕府に対する交渉戦術が暗示されていると言えよう。

なお、極めて些細な違いであるが、「幻の親書」では、米国太平洋岸から日本まで蒸気船が要する日時を「二十日以内（less than twenty days）」としているのに対しペリーが携行した親書ではわざわざ「十八日」で日本に到達すると極めて厳密に記しており、「（米国）蒸気船海軍の父」とも呼ばれるペリーの面目躍如ともいうべき蒸気艦船に対する信頼が表れている。

フィルモアが日本の門戸開放に向けて日本遠征を託したペリー提督の手腕に期待していたことは米国出発直前に列車を使ってワシントンから近い軍港アナポリスまでケネディ海軍長官を帯同の上送別に行ったことなどから見てとれる。しかし、既に述べたようにペリーが日本に向け出港してから数週間後に議会に提出した一八五二年十二月の「大統領年次教書」において日本遠征隊派遣を報告した際にはその中で、その任を「海軍の最高位にある分別と知見の将官」

に託したと述べるにとどめペリーの名は出していない。ペリーが起草した大統領親書本体ではペリーの名前が文節ごとに出てくるほどペリーの名を強調しており、大統領はその点は許容したものの、議会に対しては大統領を代表する使節にすぎないペリーの名を持ち出すことなく済ませ、フィルモアとして大統領である自分が政策決定の責任者であり、「高官」を派遣したとの建前を強調したものとなっている。

総じて、ペリーの手になる訓令と親書をウェブスターのものと比較すると、ペリーが当初から海洋戦略家としての自信に基づき、幕府に対しては外交家の交渉だけでは不十分で、砲艦による威圧の下で交渉相手に圧力を掛け目的を達することが必要であるとの硬派としての考えがあったことが明らかである。

なお、ペリーに対する訓令と彼に託された親書が決裁された時点で、民主党ピアースが次期大統領になることが確定していたので、民主党要人にしてオランダ公使となるオーガスト・ベルモントと姻戚関係にあり同党と近い立場にあったペリーは、伝統的に外交政策上も強硬策を許容するであろう民主党政権が近く成立することに意を強くしていたとの見方もある。しかし、後述するように実際のピアース政権の日本の開国についての姿勢に限ってみれば、強硬なところは乏しく、また、日本との開国交渉より「太平天国の乱」の渦中にあった中国で米国権益を重視する立場が顕著で、ペリーの意向に必ずしも合致したものではなかった。ペリーの方針が民主党の強硬路線に沿ったものであるとは断定できない（第十章二節「政権とペリーの不和」参照）。

こうして一八五三年七月十四日、久里浜でペリーが幕府を代表した浦賀奉行に手交した米国「国書」は、事実上ペリーが起草したと言われた前年十一月十三日付でフィルモアが署名し、エドワード・エヴェレット（Edward Everett）国務長官[20]が副署した「親書」であった。しかし幕府側に渡ったその時点で、フィルモアは既に四か月も前、三月四日に任期を終え大統領職を退いていた事実をペリーは幕府に伝えなかった。

第八章　日本をめぐるオランダとの外交

フィルモア政権は日本開国に取り組むに当たり、欧州諸国の中で唯一日本との交流を保っていたオランダに注目した。当時、米国もオランダもそれぞれ違った理由ではあったが、東アジアにおける英国の影響力拡大について懸念を有していた。米国は後発産業国として英国から引き離されることを恐れ、オランダはかつて英国に海洋覇権国の地位を奪われた国として対抗心を有していた。

たまたま、当時の米国の駐オランダ公使は個人的にフィルモアと親交があり、オランダと日本との関係について私信で直接大統領に報告し、関心を払うよう促していた。

このような背景の下で、フィルモア政権はオランダ政府に外交経路でペリーの日本遠征隊について現地で支援をするよう要請した。

一方、ペリーは遠征隊帰国後一八五六年に出版された『ペリー艦隊日本遠征記[1]』において、米国の動きについてのオランダ政府の行動を厳しく批判した。オランダは米国の政策意図を挫くため先回りして自国の手により日本開国の実現を試みたが、自国の日本説得が失敗した後で、ペリー遠征隊の成功を見るや今度は手を返したように米国を支援し成果が上がるように貢献したと、白々しい手前みその主張をしていたというのが批判の核心であった。さらに『遠征記』では「ペリー提督は使命の遂行中、オランダの援助は終始求めなかった。というより敢えてそれを避けたのである」とさえ断言している[2]。

ペリーによるオランダ批判は、ペリーの日本遠征隊に対し長崎のオランダ商館長が協力することを求め外交上の申し入れをオランダ政府に行ったフィルモア大統領とウェブスター国務長官の米国外交政策責任者の基本的立場とは奇妙にずれていた。オランダ政府はこの米政府の正式要請にきわめて積極的に応え、日本での協力提供に向けて所要の措置をとることを約束した。

このフィルモア大統領以下米国外交当局のオランダの協力についての期待と、ペリーの『遠征記』における公然の非外交的なまでのオランダ批判との齟齬は何を意味するのか。当時の米国の外交当局の動きを具体的に記した資料である米国国務長官とハーグの在オランダ米国公使の間で往復された公信[3]に注目してフィルモア政権側とペリーの思惑の違いとともに米国とオランダそれぞれの政策の相違を見ることとする。

米国に先回りしようとしたオランダ

オランダは十七世前半江戸幕府が鎖国を完成させた際、欧州列強の中で唯一日本との通商関係を維持し、その後長きにわたり他国にこの独占的地位を侵されないよう腐心してきた。十九世紀に入り英仏露の列強のアジア進出が活発化したことによって、オランダのそれまでの国際的地位が徐々に低下してゆく中で、他の欧州諸国がオランダの独壇場であった日本にまで食指を伸ばすことを強く警戒した。そして、オランダは英国がアヘン戦争の結果一八四二年の南京条約によって中国から香港の割譲・五港の開港等の譲許を得て通商上の権益を大幅に拡大したことを見るにつれ、長年維持してきた日本市場での独占的地位が、英国の武力の前に奪われることを危惧し、そのような事態が起こる前に日本が広く諸国に開国する中で自国の権益を維持する方針に対日戦略を大きく転換した。一八四四年、それまでの通商関係の次元に留められていた日蘭関係の慣例を破る形で、オランダ国王が日本の元首（「日本皇帝」）とみなした徳川将軍に対する親書という形式で、外交の次元に格上げして、日本の開国を進言した。[4] これに対し、幕府側は、その返書で、鎖国政策は変更しないと明言し、さらに二度と本国政府からの書簡を送らないよう強く禁止し、オランダの要請を拒否した。

一八四〇年代には米国艦船が日本近海に現れることも頻繁になり、オランダとしても米国の動きには敏感になっていたが、米国が日本に開国を求めるため遠征隊の派遣を決定した時期は、ちょうどオランダが迫りつつある英国等の動きを懸念しはじめた時期であった。新たに米国までがこの地域に現われたことは、長年日本との通商関係を独占してきたオランダにとって心穏やかならない事態であったことは明らかである。[5]

オランダ側の米国の動きについての受け止め方は在オランダ米国公使ジョージ・フォルサム（George Folsom, Charge d'Affairs of the United States to the Netherlands）が現地情勢報告の一環として累次報告している。

ちなみに、フォルサム在オランダ米国公使は一八五〇年九月から五三年の十月まで在任しており、フィルモア政権の任期とほぼ完全に重なっている（ただしオランダ公使に起用したのは前任のテイラー大統領）。しかも、その経歴もニューヨーク州出身の法律家でかつ小党「アメリカ共和党（American Republican Party）」に属しニューヨーク州議会の上院議員を一八四五年から四七年まで三年勤め、同じニューヨーク州出身の政治家フィルモアの経歴と近似していた。また両者の間に親交もあり、フィルモアが日本遠征隊派遣政策推進の際、オランダとの関係を重視することとなった一つの要因と考えられる。

オランダとしての米国による日本遠征隊派遣をめぐる微妙な意識は、フォルサム公使によっても報告されていた。例えば、一八五二年六月付訓令で日本遠征隊への協力をオランダ政府に要請するべしと指示を受けた際の彼の最初の返信（七月四日付公信第三十一号）の冒頭で概略次のように述べ、本国政府の注意を喚起している。

オランダ政府は、米国の日本への遠征隊派遣計画について、何らかの不安を感じていることは疑いない。特に、オランダと「将軍」との関係を危うくする措置を回避することを望んでいる。[6]

一八五一年年央のフィルモア政権による日本遠征隊派遣決定は、当初からオランダ国内でも喫緊の問題となった。

オランダがどの時点で米国の遠征隊派遣決定を把握したかについて、フォルサムが一八五二年六月十一日付公信第二十九号で国務長官に報告した六月十日付現地紙「ハンデルスブラド」の日本関係記事[7]の中で、「北米連邦（the North American Union アメリカ合衆国のこと）が日本に遠征隊あるいは艦隊を派遣した、あるいは派遣することが世界に発表されて（announced）以来、今や既に約一年たった」と記していることから、記事の前年一八五一年の六月ごろにはオランダ政府も事実を掌握していたと言える。[8]

米国政府の政策決定以降、オランダでの報道については、フォルサムが、五二年二月二十四日付公信の末尾での一般報告において、概略以下のように述べている。

オランダの新聞にも米国の日本遠征のうわさが報じられるようになっている。その一例として、「前の日曜日」（二月二十二日）の現地紙の報道ぶりとして、東インドから伝えられているところによれば、江戸幕府は、もし米国に侵略される事態になればオランダに助けを求める由である。オランダがそのような状況で仲裁に入れると思っているようである。[9]

オランダ政府が、単なる米国における報道を情報源としたもの以上の情報として米国の計画を把握した最初の事例は、当時のオランダの外交文書（対日関係部分）による限りでは、「一八五二年二月（二十一日付）のワシントン駐在公使からの米国海軍日本派遣情報」であった。[10]そして、オランダ政府は「この情報を得てシーボルトが条約案文を作成し、この交渉のためにクルチウスが日本に派遣された」[11]と言われている。

オランダ在米公使よりの報告、さらには後述する二月末の在オランダ米国公使よりオランダ政府にあてられた口上書の行間に見られる米政府の意図を踏まえ、オランダ政府は三月から四月にかけ対応を協議した。[12]その結果、国王の裁可を受けて決定された政策は、長崎出島の商館長の交代に際し、新商館長に日本に開国を勧告する東インド政庁総督ファン・トゥィスト（Albertus Jacobus Duymaer van Twist, Governor-General of the Dutch East Indies）[13]の書簡を携行させ長崎で幕府側に手交し交渉を行うとするものであった。この方針を受けて、バタヴィアの総督が新たな商館長に任命したのがドンケル＝クルチウス（Hendrik Donker Curtius）であった。[14]彼が新任地の長崎に到着したのが一八五二年七月、同年の『別段風説書』を日本にもたらしたのと同じ便であった。

オランダ政府は当時、幕府に対し毎年一回、『別段風説書』と言われる文書で国際情勢についての情報提供を行っていたが、世上よく知られているように一八五二年七月の『別段風説書』によってペリーの日本来航について要旨次の通り予告していた。[15]

一近頃風評仕候には、北亜墨利加合衆国政堂より船を仕出し、日本と交易を取結ハんため、
　御当国江参り申すべき由に御座候
　此一条に付左の通承ハり候

合衆国より
日本帝へ使節差出し、伯理爾天徳［合衆国の国政総管］よりの書簡を奉り、且ツ日本の漂客を連参り候由ニ御座候
此使節ハ又北亜墨利加の民人交易のため、日本の一二の港へ出入するを許されん事を願ひ、且又相応なる港を以て、石炭の置場と為すの許を得て、「カリホルニア」と支那との間に往来する蒸気船の用に備へんと欲し候由ニ御座候
一北亜墨利加の軍船、当時支那海に繋り居候者左の通ニ御座候
一「シュスケハンナ」［名号］軍用蒸気フレカット船　一艘
但し指揮官「アウリック」支配
一「サラトガ」［名号］コルヘット船　一艘
一「プリモウト」［名号］コルヘット船　一艘
一「シント、マリス」［名号］コルヘット船　一艘
一「ハンダリア」［名号］コルヘット船　一艘

しかし、オランダは国際情勢報告といっても『別段風説書』では「風説」を取りまとめた形をとるのが常であり、この時の『別段風説書』も右引用のように報道の取りまとめに限定して

あり、オランダ政府が米国政府の遠征隊派遣の決定を掌握していたことは明らかにしていなかった。

クルチウスは着任早々長崎奉行と会見し、『別段風説書』に記された米国艦隊の来訪の情報を渡すことで間接的に日本に危機が迫っていることを印象付けながら、オランダとの間で開国を行う条約を締結することでやがて来訪する米国艦隊との間での摩擦・紛争を回避するように勧めた。その際、あらかじめ用意してあった条約案も手交した。[16] これに対し、幕府側は一八四四年の国王親書に対する返書で鎖国政策転換要請を拒否したにもかかわらずオランダが再度試みることに反発しつつ、返書を要求しないことを条件にファン・トゥイスト総督の親書を江戸の幕府に届けることに応じた。結局、書簡は江戸の幕府に届けられたものの、以後一切言及はなく事実上黙殺され、米国に先回りして開国を勝ち取ろうとしたオランダの努力は失敗した。[17]

『ペリー艦隊日本遠征記』はこの間の事情をペリーの視点で見て次のように表現している。

それからまもなく、一八五二年に、合衆国がペリー提督率いる遠征隊を派遣することが明らかになると、オランダは直ちに（東）インド総督に命じて長崎の長官に書簡を送らせ、その中で出島のオランダ商館長と協議にあたるために信任された代理人を任命するように求めた。その協議内容とは、「日本をその迫りくる危険から救うために、オランダはいかなる手段を提示すべきか」というものだった。そして、総督の書簡の結びには、長崎当局に対し、もし日本側があくまでも鎖国政策を貫き、〔その結果他国との武力衝突を招くことになった場合、オランダは日本を見捨てざるを得なくなりかねないとほのめかされていたのである〕[18]。

この一八五二年の夏の時期のオランダの動きを見れば、『ペリー艦隊日本遠征記』で批判的に詳しく示されているとおり、米国に先回りしようとするいわば必死の努力であり、米側の不信感を裏書きするものであったことは否めない。この間の事情について、（既に第三章四節「テイラー政権と日本」で引用した）チャイクリンは、その論文でオランダ側資料にもよりつつ、ペリー遠征隊が日本開国を実際の武力行使によらず達成できたのは、オランダがそれまで十年以上もかけてその下地を作ってきたからであるとして、オランダは正直な仲介者（"Middlemen"）に終始したと論じている[19]が、オランダは当初から「正直な仲介者」であったのではなく、まずは自国が日本開国を主導するとの姿勢をとり、この努力に失敗した後、米国の努力の側面支援に甘んじたというのが実態であった。

米国の支援要請――外交経路

オランダが一八五二年七月に『別段風説書』によって幕府にペリーの日本来航について予告し、米国の艦隊の動きを背景に幕府に改めて開国を迫った頃、時をほぼ同じくして米国政府は在オランダ米国公使を介し、オランダ政府に対し自国の日本遠征隊について長崎出島のオランダ商館長による現地での協力提供につき外交上の申し入れを行った。

米国政府は、現地での支援という本格的要請に先立つ時点でもすでに外交経路で日本遠征隊派遣に関連した協力要請を行っていた。その最初の事例は一八五二年一月二十七日付のウェブスター国務長官発在オランダ米公使フォルサム宛て公信第十号[20]による訓令であり、ちょうど、任をオーリックから引き継いだペリーが訪日準備に取り掛かり始めたころである。この時、国務長官は在オランダ公使に対し、オランダ政府に日本の周辺海域の海図・日本の沿岸の地形図等の資料提供を求めるよう指示した。その際、これら資料提供を求める理由として「米政府としてすぐ参考にする必要があるから」とのみ不明確な説明を行うにとどめており、この段階では日本遠征隊の利用に供するためとは明示していない[21]。

この訓令がハーグに接到した二月下旬、フォルサム公使はただちにオランダ外務省に申し入れたが、先方からそのような資料があれば喜んで提供するとのとりあえずの回答を得た。しかし、公使は先方から提供が実現しない場合に備え、早速ライデンまで出張しそこでシーボルト（Philipp Franz von Siebold）の日本に関する著書を購入、その書籍と付属の地図類を本省宛公信の付属資料（List of Maps, forming Siebold's Atlas of Japan, etc. の表題の下、十五種の地図が列挙されている）として送付した。このフォルサムの本省宛て返信では、訓令に従ってファン・ゾーンスベーク（van Sonsbeeck）外相の送付した口上書の写しが付属されている。これによれば、太平洋岸における米国国民の人口が増えるにつれ、米国艦船が日本近海を航海する機会が頻繁になるので、艦船の安全のために参照することが目的である、と米側の事情について、訓令を敷衍してもっともらしく説明しているものの、本来の目的である遠征隊の利用に供することは述べておらず、遠征隊そのものについての言及すら回避している。[22] 一か月後のオランダ外務省よりの回答は、予想されたように、政府関係部局には日本関係地図の持ち合わせはないと称しつつ、市販のシーボルトの本に掲載された地図類の購入を勧めるものであった。フォルサム公使がオランダ側に言われるまでもなく本省に送付したシーボルトの地図類は、後日国務省からペリーに転達された旨が公使に報告された。

オランダ政府が、自国の駐米公使の報告で米国の動きを注視していたところに、在オランダ米公使の口上書を受け、急遽政府内の協議を経て日本に対する新たな措置を決定したことについては既に述べた通りである。

オランダの在米国公使が米国の日本に関する動きの把握に努めていたと同様に、フォルサムは日本についての情報あるいはオランダ側の意識について、首都ハーグを中心に広い意味での外交活動の一環として積極的に情報収集につとめていた。フォルサムがオランダの日本関連情報として最初に報告したもので資料として確認できるのは、五一年十二月末にフォルサムがフィルモア大統領個人に宛てた私信[23]であり、それ以前の日付の公信には見られず、公信で日本に関連する最初のものは五二年二月の訓令への本国宛て返信であった。

その私信は冒頭、年末の挨拶として現地で購入した珍しい日本製の品物を別便で個人的な贈り物とすると述べるにとどまらず、フィルモアの夫人、令息・令嬢と面談したことがあることに触れており、大統領との面識と個人的な親しさを表し、私的な親交[24]を前提とした文書であるが、内容の大半は現地における日本関連情報に関する報告である。

この中で示された日本関連情報の一つが一八四四年のオランダ国王発将軍宛て親書に対する幕府側の回答文について既に原文は入手しており目下日本語から英訳の作成を依頼中であるとしていることであり、もう一つがすでに任を終え帰国していた長崎出島の前商館長レヴィゾーン（Joseph Levyssohn, Dutch Factor at Dejima）とすでに数回会見したことを述べた点である。レヴィゾーンについては、彼が一八四九年長崎においてプレブル号グリン艦長と幕府・長崎奉行

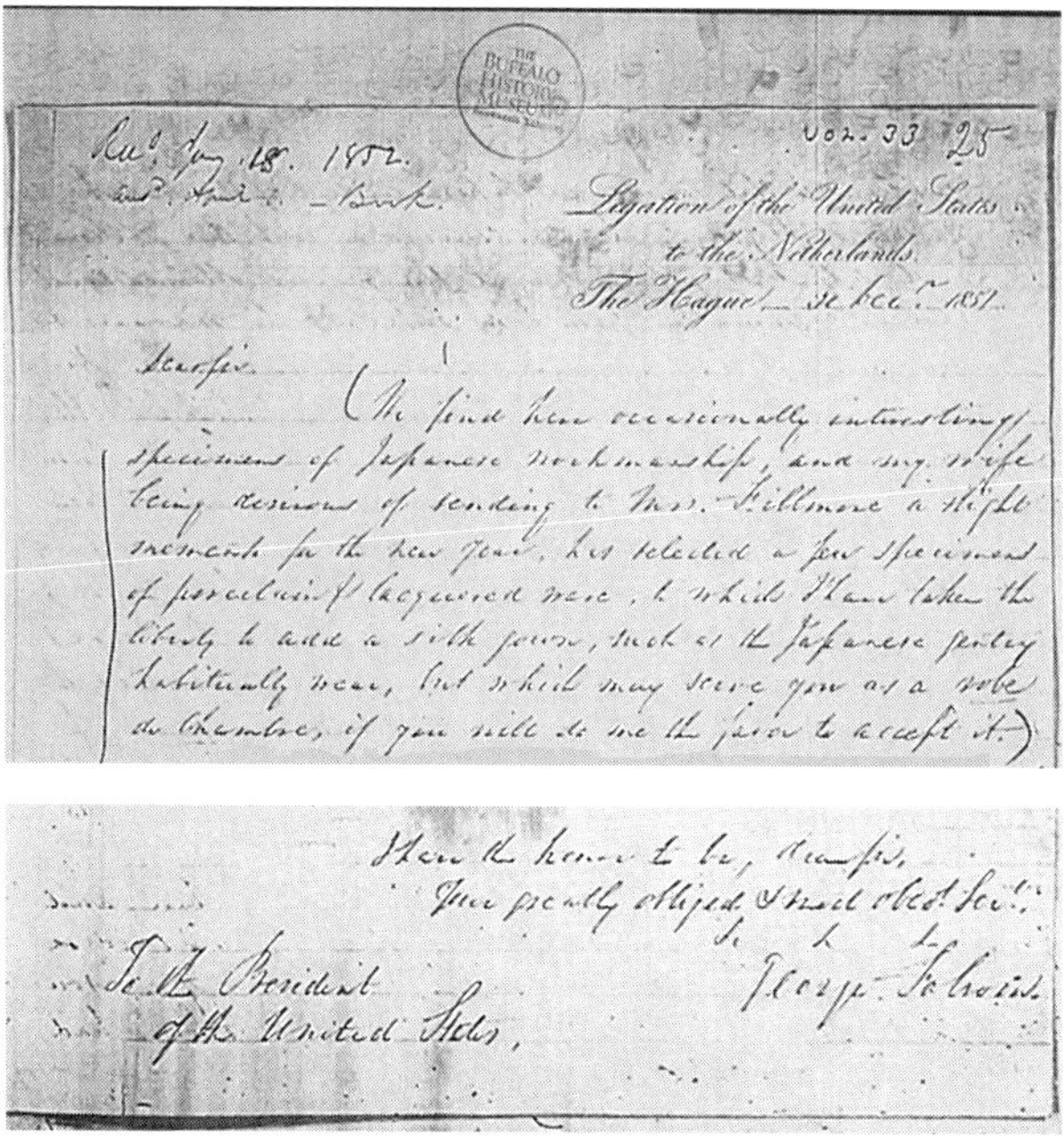
Recd. Jany 18. 1852.

Legation of the United States
to the Netherlands.
The Hague — 30 Dec. 1851.

Dear Sir

We find here occasionally interesting specimens of Japanese workmanship, and my wife being desirous of sending to Mrs. Fillmore a slight memento for the new year, has selected a few specimens of porcelain & lacquered ware, to which I have taken the liberty to add a silk gown, such as the Japanese gentry habitually wear, but which may serve you as a robe de Chambre, if you will do me the favor to accept it.

I have the honor to be, dear Sir,
Your greatly obliged & most obedt. Servt.
George Folsom.

To the President
of the United States,

図８－１　フォルサム在オランダ公使発フィルモア大統領宛私信（1851年12月30日付）

1851年末の私信の書出部分と末尾の部分。在オランダ公使館用便箋を用いている。また冒頭では日本の工芸品を贈る旨を述べている。

出所：バッファロー歴史博物館図書館（Buffalo History Museum Research Library），M76-2, Millard Fillmore Papers, Microfilm Edition, Reel 32.

所との仲介を務めたことを付言している。

さらに、フォルサムはこの私信でフィルモアに対し、大統領の「教書（the Message）」（一八五一年十二月）が、オランダでその英知と穏健な姿勢について高く評価されていること、特に、国王母堂陛下と面談する機会がありその際、母堂陛下より大統領について種々お尋ねがあり、自分にとりお答えすることは欣快であったと付言し、フィルモアのオランダへの関心を引くよう努めている。

フォルサムが一月の訓令に従い、オランダ側に行った日本関連資料提供要請は結局オランダ側が、幕府の厳格な禁止方針に従っているので海図・地図は持ち合わせていない、シーボルトが出版した書物に含まれているものを利用するしかない、との正式回答をよこした[25]ので、米側としてもフォルサムが入手したシーボルトの資料で満足せざるを得なかった。

一八五二年六月になると、米側のオランダに対する外交的働きかけは決定的に本格化した。ウェブスター国務長官はフォルサム公使宛公信六月十四日付第十二号[26]において、米国として「ペリー提督の（日本）訪問の目的」を進展させるため、日本に在任するオランダの出島商館長からあらゆる可能な支援を得られるよう、オランダ政府に協力要請を行うべきとした訓令を発出した。この訓令の内容はもとよりその表現ぶりやフォルサムが訓令執行にあたり示したオランダ側に対する外交的配慮、さらには、オランダ政府の対応いずれをとっても、日本に対する働きかけの在り方をめぐる、米国とオランダの微妙な違い、あるいは米国政府内部におけるフィルモア大統領以下の外交当局と現地に向かったペリー提督の考え方との微妙な違いが行間に読み取れる。いずれにせよ、以下に示すように、この訓令がペリーの日本遠征隊が当初の目的を達成する上で極めて重要な役割を果たしたことは明らかである。その効果の中でも、ペリーが五三年七月に浦賀に来航した後、かつ、五四年二月下旬の再来日までの間に、幕府の長崎奉行とオランダの出島商館長との間で行われた対話に反映され、表れている。

まず、この協力要請の訓令では、協力を要請している側（平たく表現すれば「お願いしている」立場の側）である米国政府が、オランダ政府に求める協力について外交的には異例と言えるほど詳しく具体的な協力の段取りについて、かくあるべしと要求している。曰く、オランダ政府において出島の商館長に対し、中央政府から直接の訓令、あるいは、バタヴィアの総督の訓令として、ペリー艦隊に協力するよう指示を出してほしいと要請すべしとした。また、出島商館長宛ての訓令の写しをペリーが携行できるように提供してほしいとも述べている。さらに、オランダ側に、米艦隊の日本派遣がオランダの利益を害することにはならないので安心するようにと伝える一方で、「しかしながら、もし、我が国の協力要請を拒否する、あるいは、受け入れたとしても実質的には米側の努力を無にするような曖昧なあるいは留保のある訓令である場合には、ペリー提督が米国政府の立場を遂行する目的でとる措置において、日本にいるオランダ国民の利益を守る義務は一切ないとみなすであろう」と踏み込んだ威嚇的な文言を付け加えている。

この訓令を受けたフォルサムは七月四日付返信（国務長官宛公信第三十一号）[27]において、訓令接到後ただちに外務大臣宛口上書をもって所定の要請を行ったと報告しつつ、ウェブスター国務長官に対し「自分（フォルサム）がどのような表現で要請を行ったか明らかにするため」当該口上書の写しを添付した。オランダ政府が米国の遠征隊派遣について「なにがしかの不安（some degree of uneasiness）」を抱いていると見ていたので、本国の訓令の口調で直接伝えてしまったのでは米国に反発するであろうことを懸念して、いわゆる「外交的」な表現を使った事実を本国に対し明確にしておくこととしたからだと言える。

フォルサムはオランダ外務大臣宛口上書において、まず前回の海図等の提供要請の目的が日本の伝統的鎖国政策を少しでも改める目的で、日本に米海軍艦隊を派遣するにあたって必要とするものであったと公文書で初めて日本遠征隊派遣計画をオランダ側に通知した。その上で今次訓令に即して日本でのオランダの出先機関による協力を要請しつつ、遠征隊派遣の目的は平和的でありオランダの利益に反することは行わないと述べるに止め、訓令にあった威嚇的な姿勢が表面にでることは回避した。そして単に、米国とオランダとのこれまでの友好的な関係に照らし、オランダ側が友好を損なうようなことはないと確信していると付言するにとどめた。これは、本国の訓令がいわば「砲艦外交」と言われる武力を背景に相手国に強硬姿勢を取る海軍の発想が色濃く反映されていると受け止めたので、欧州強国の一角をなし外交にたけているオランダのような国に対して強硬姿勢をそのまま伝えることは逆効果であることを本国国務長官さらには政権全体に暗に伝えようとしたのであろう。オランダへの具体的協力要請にかかわる訓令の表現には、政府内の調整の過程で海軍当局さらにはペリー提督の意向が反映された可能性はある。

他方、『ペリー艦隊日本遠征記』においては、この訓令によるオランダに対する協力要請に関し、以下のような記述になっており、フォルサムの報告に見ることができるオランダの実際の対応とはやや異なる認識を反映している。

日本遠征隊派遣にあたって、合衆国政府は、一八五二年七月（この時点では、オランダの日本との条約草案は既に出島に向けて送付されていた）、オランダ政府に対し敬意を表しつつ、以下を行った――まず米国の艦隊が派遣されること、この（日本）訪問は友好的なものであること、その目的は、可能であれば、日本の鎖国政策の緩和を図ることであることを公式に伝達した。また、オランダ政府が出島の商館長に対し、もし米国よりの要請がある場合、米国の目的達成に資するような協力を提供するべく訓令を出すことを要請した。この公式な要請に対しオランダから、求められたような（商館長宛ての）訓令は発出されること、また、求めにより一八四四年のウィリアム二世の書簡及びそれに対する一八四五年の（日本の）皇帝の返簡が米国に提供されたことを回答してきた。しかし、既に日本に向け送付されていたオランダの条約案、あるいは東洋にいるオランダ政府代表に対する訓令については、もちろん、米国は何も教えられず知りうることもなかった[28]。

米国政府の協力要請に対するオランダ政府の回答を得たフォルサムは、七月十四日付公信第三十二号[29]でとりあえずの訓令執行の報告を行った。まず、本件を所管するパフード植民相（Charles F. Pahud, Minister of the Colonies）とようやく面談がかなったが、それに先立ち米側要請は関係閣僚会議に付され承認を受けたとの内報を受けていたこと、植民相が今後の対応について国王の決裁を求めるべく準備中であることを述べつつ、その概要として、東インド総督に対し総督の指揮下にある出島の商館長あてにペリーの遠征隊に協力するよう指示を出すこと、また、バタヴィアから出島に向けた便は通常年に一便であるので、本国政府の指示が速やかに出島に届くよう特別の船便を出すように（いわば臨時増便）するとも述べ、きわめて好意的であったこと等について報告がなされた。

次の七月二十日付公信第三十三号では、外務大臣ファン・ゾーンスベック発の七月十九日付口上書によってオランダが米国に積極的に協力するとの正式回答があったことを、同口上書に添付された、国王ウィリアム三世の決裁を受け東インド総督宛てに発出された、出島のオランダ商館長宛てにペリーに協力するよう指示する権限を付与するとの訓令の写し、および、オランダ側が提供した一八四四年の幕府将軍宛国書（国王 William II 署名、植民相 J. C. Baud 副署）とそれに対する一八四五年の老中阿部正弘以下幕閣四名連署の返書英文訳を添付して報告した。[30]

フォルサム公使もいささかの驚きの念をもって報告したように、オランダ政府の正式回答は極めて前向き・積極的であった。同時期、オランダ政府は米国に先回りし幕府に長崎奉行を通じ改めて開国を促したものの、幕府の「握りつぶし」にあっていたことはまだ本国が報告を受けていない時点での対応であり、オランダ側の微妙な思惑が看取される。オランダ政府は、米国の日本開国の試みに対しては、その意図が平和的である限り、オランダの一八四四年以来の既定の方針に反するものではないので大局的観点に立てば米国の行動は支援できるという立場を米国に示した。

オランダの協力的な姿勢を改めて報告した九月二十三日付公信第三十五号で、フォルサムは国王自身が、その年のオランダ議会開会に当たっての演説において「ある友好国からの要請を受けて」「一八四四年に（前国王が）採用した方針に沿って、日本帝国が依然として維持している鎖国政策の何らかの変更を図る上で、自分として力を貸すこと（my good offices）を約束した」（一八五二年九月二十日、オランダ国王）[31]と述べたことを強調した。

さらに、この公信の付属資料として、国王演説に先行する八月十三日付オランダ官報（Staats Courrant）が、植民相から提出のあった報告書として長文の対日政策、特に米国の遠征隊に協力をする理由を掲載したことをその英訳とともに本国に送付した。

この官報記載資料は、蘭日両国の古くからの関係に触れつつ、最近では、幕府が「打ち払い令」を改め「薪水令」を出したことを主要国に伝達するため五一年にオランダの協力を求め、[32]この幕府の新政策も開国に繋がるものではないと説いた。それに続けて、オランダとしては、米国の動きについて世上の関心が高まる中、これを静観するにとどまることはできず、国王が東インド総督に対し、日本に開国の働きかけを改めて試みるよう命じたことをも明言した。そして「同じころ」米国政府より、ペリー遠征隊の「平和的かつ友好的」目的に対する出島商館長の協力を求めてきたことを明らかにし、この協力は決して「好戦的」なものではなく、オランダの従来の方針に沿っているので躊躇なく支援を約束した旨を踏み込んで開陳した。

フォルサム公使はオランダのこのような前向きの反応が米国にとっていわば気恥ずかしい程

好意的である理由として、オランダの国家としての国際的地位が近年著しく衰退し他国から顧みられることが少なくなった中で、この度の米国からの協力要請があったことによりオランダの自尊心がくすぐられたのであろうとする趣旨の見解を付した。

オランダの協力的態度についてのフォルサム公使の報告を受け、フィルモアは一八五二年十二月に議会に提出した「大統領年次教書」において「私は、この遠征の準備のすべての段階において、合衆国政府が、日本と通商上の関係を有する唯一の欧州の強国たるオランダ国王のご高配（the good offices of the King）によって実質的に支援を受けてきたことを言明する満足を有する」[33]と述べ、日本遠征隊派遣についてのオランダ国王の協力に対する深甚なる謝意で結んだ（「年次教書」の日本言及部分の全体は、第六章四節「日本との関係に初めて関心を表明した年次教書」参照）。このフィルモアの対議会報告の内容は、米国外交当局がオランダに期待を込めつつ、それまでの積極的姿勢に「満足」を表明したものである。また、前年の「年次教書」についてオランダでも注目されていたことはフォルサムからの私信で知らされていたことからも、オランダへの意思表示であることは明らかであろう。

このような受け止め方は、後年発表された『ペリー艦隊日本遠征記』におけるペリーのオランダに対する不信感と相違している。

東インド総督の対応——現場の実態

フォルサムから送付されたオランダ本国政府発バタヴィア総督宛訓令の写しを携行して日本に向かったペリー提督が日本到着までの最後の寄港地であった上海から報告したのは事態の意外な展開であった。

ペリーは、その前の寄港地広東において一八五二年九月付のオランダ東インド政庁ファン・トゥイスト総督書簡を受領したが、その内容はペリーのオランダに対する不信感を募らせるものであった。『ペリー艦隊日本遠征記』は、ペリーが受け取ったこの書簡に反映されたオランダ側の米国の遠征隊に対する姿勢を次の様に厳しく批判している。

一八五二年九月二二日、オランダ人のインド諸島総督[34]がジャワからペリー提督宛てに手紙を送り（そのとき、提督は日本への途上にあった）、その手紙の中には出島商館長宛ての文書が同封されていて、商館長の協力が必要な場合には、それを本人に手渡すようにとあった。しかし、そのとき、オランダの総督は、出島商館長のもとにはオランダの条約草案が届いており、できるならそれを批准させるようにとの指示が与えられていること、したがってペリー提督が到着する前に自国との条約を締結するため、あらゆる努力がなされていることを十分承知していたのだった。……さらに、ペリー提督宛てに書かれた総督の手紙の終わりには、オランダが誠意を持ってわれわれの努力に助力を与えてことを立証するための事実が示唆されていた。「……出島のオランダ商館長が日本政府との交渉を開くことに成功した場合、アメリカとオランダの協同を示唆するがごとき証拠は、この交渉を疎外することになるやもしれない。すなわち、ご承知のように、アメリカの日本遠征は、必ずしも完全に友好的、平和的な性格のものであると見られていないからである。」……では誰が日本に、わが国の来訪が非友好的なものであると告げたのか?……日本人はオランダ人からそれを聞いたのだ。……オランダは日本人にわれわれの訪問の危険性なるものに注意を促したのである。……オランダにはここからそれ（日本開国を求める米国の努力）を援助しようという考えなどまったくなかったと考えざるをえない。[35]

また、この総督のペリー宛書簡では さらに『ペリー艦隊日本遠征記』における上記要点に加え、本国政府が約束した出島商館長宛ての訓令を送達するため特別な艦船を日本に送るという考えは、それがむしろ日本政府の猜疑心を駆り立て、ペリーの目的達成を防げかねないので改めて船を出すことはしないことにした、とも伝えているとマッコミーは説いている。[36]

米国のオランダに対する協力要請の訓令を受け取ったフォルサムが七月にこれを執行した際には、表現ぶりをオランダの感受性に配慮し友好的な思いやりが出るよう自らの判断で修正したことは前に述べたが、その協力要請に極めて前向きで積極的な対応を見せたオランダ植民相の意向を反映した本国の指示は、バタヴィアの地で大きく後退したようである。『ペリー艦隊日本遠征記』におけるペリーの心情の吐露は、その厳しさが妥当か否かはともかく、以下にみるように彼の洞察の通りオランダ側、少なくともファン・トウィスト総督には米国の遠征隊を支援する意向はなかったと言っても過言ではなかろう。

オランダ商館長と長崎奉行

一八五三年六月ペリーが浦賀沖に投錨したのと相前後して、バタヴィアから年一度の船が長崎に着き、前年に米国の日本遠征隊派遣を予告した『別段風説書』の一八五三年度版が長崎奉行に渡された。この年の情勢報告では、特にニューヨークの日刊紙『ヘラルド』を引用し、ペリー自身が前年十一月に米国を出航し、中国周辺海域に展開している他の艦船とやがて合流するであろうことを「風説」として記したのみであった。既に一年も前にワシントンとハーグの間の外交的やり取りを通じ、オランダが米国と緊密な連絡をもっていたことについては、風説書の性格もあってか全く言及がなかった。[37]

浦賀に来航したペリーは、幕府に対し大統領親書を渡して開国を要請した。そして、一旦離日するが再度来訪するのでそれまでに前向きな回答を用意するよう要請した（「貴国の回答を、来春また江戸湾に戻るまで快く待つ」）。[38] 米国の要請を受けて危機意識を高めた幕府の対応は、それまでの外国船来訪と日本の開国要請の場合と全く異なり、広範囲かつ真剣なものであった。特に、序章で述べた通り米国の親書を広く主要大名をはじめ「各界」に回覧し意見を「公募」したことは画期的であった。さらに、鎖国政策の一環として禁止されていた大型船の建造が外国艦隊への対抗上急務とされて解禁され、また「海防」の強化も決められた。[39]

大統領親書受領後の幕府の反応について、マッコミーは、攘夷派と開国派の対立等を明らかにしつつ、結局は米国の要求に対し譲歩することを決めたとし、この関連でペリー一行の最初の離日直後に長崎に来訪したロシア艦隊の存在とその要求が幕府のペリーに対する対応にどのような影響を与えたかについてプチャーチン一行と幕府との関係を詳しく論じている。[40]

ここで注目される事態は、加藤裕三の『幕末外交と開国』が説明しているように「幕府はペ

リーの再来に備えて、（出島商館長）クルチウスから直接に助言を得ようと考えた」[41]ことである

加藤は、クルチウスと長崎奉行の大沢秉哲と水野忠徳とが五三年十一月に行った会談について、「奉行側の記録には詳しく残されている」[42]として以下のように重要な点を再現している。[43]

クルチウスが「在米大使《ママ》からの報告によれば、アメリカは日本に石炭置場を設けたいと考えている。……その要望を一切無視して考慮しない場合、ついには戦争になりかねない。しかしながら、御国法を直ちに改める訳にはいかないだろうから、制限を緩めることが日本の安全の計策だと考える」と述べ、さらに、「オランダ人や中国人への対応と同様に、場所を限定すれば良い」、「清朝では、外国人を一切拒絶したために戦争となり、その結果、広東など五港を外国人が勝手に出入りできるものとした。このように戦争になっては面白からず、そうならないための安全の策を講じるように」と述べた。

これに対し、奉行は通商のために開国することは、日本を経済的に窮乏化すること等の理屈を述べ強く反対した。

続けて、次のような興味深いやり取りが行われた。

奉行が「米国より貴国に最肝要のこととして伝わったことを、すべてカピタンは御存じか？」

と述べたのに対してクルチウスは「私見を言えば、米国が第一に望んでいるのは石炭置場、船の修理場、第二に通商のことだと思う」と述べた。

奉行は、クルチウスが在米公使の報告に言及したので、オランダ本国の入手している情報がどこまで出島の商館長まで届いているのか探りを入れたと言えよう。

クルチウスは「私見」であると断って、第一は石炭置き場、第二に通商であろうと述べるにとどまり、詳しいことは明らかにしていない。

奉行はクルチウスの主張に対し石炭だけなら何とかできるが、と述べつつ「交易は日本に益がない」と断じ、通商は無理であることを縷々説明した。

これに対し、クルチウスは幕府が米国の一連の要求を拒否すれば「戦争となる憂いは免れがたい。これをわが国王は最も懸念している」と、国王の懸念を引き合いに出して少なくとも一ないし二の開港は受け入れざるを得ないと説得した。オランダとしては、この段階で幕府がペリーの要求を拒否すれば米国の武力行使に至りかねず、そうなればオランダ自身の立場も危うくするとの認識の下、事態を収めるため、幕府が米国の要求に対し最小限の譲歩を行い米国が何らかの成果を獲得することで、とりあえずは本格的開国を避けることが優先されるとした。

しかし、奉行は「国法を改めるには諸侯の評議が必要なこと」等を述べ「貴国（オランダ）を通じて「今の段階でアメリカが来ても、十分に対応できない」ことを米国に伝達することを要請した。

クルチウスは「アメリカ使節の再来を中止するよう、オランダ本国からアメリカに伝達するにも、大変な距離であり、間に合うか懸念している」と消極的に答えた[44]。実際に年一回の便は既に日本を離れ翌年夏まで長崎に来ないのであるから、事実上無理な依頼であった。

長崎におけるオランダの出先機関である出島商館長は、目的実現のために幕府を誘導する外交的な対応を行った。


ペリーが『遠征記』で、オランダに対する厳しい批判を著した理由の一つは、オランダが裏では前述のような先回りをすることで成功すれば米国の、そしてペリー個人の、栄誉を未然に奪いかねない行動をとりながら、一旦ペリーが成功すると今度は、オランダが以前から日本の開国を求めていたことを指摘しながら、米国の成功の陰には日本との特殊な関係を維持してきたオランダの支援があったからだとして、手柄を独り占めしようと言わんばかりの姿勢を述べたからである。

しかし、他方でオランダのふるまいの実態は、まず幕府に対し開国要請を行ったことは事実であるが、それが幕府に握りつぶされ米国に先回りしようとした試みが不発に終わった後には、その現実を受け入れつつ、前年に行われていた米国の協力要請に対する前向きな反応に切り替えたのである。オランダから見れば、自国が先陣を切ることに失敗したのであるから、次善の策として米国の力を利用することで、日本開国を実現しようとしたと言える。

米国の進めた日本開国政策、特にペリー自身の日本遠征隊に対するオランダの表裏のある対応について、『遠征記』において、「オランダ人は、あろうことか公式文書によって、彼らが事実上、我が国のためにほとんどの事業を行ったと主張したのである」との書き出しで始まる十頁近くに及ぶオランダ批判を行っている[45]。この文脈でさらに付け加えれば、ペリー提督が日本からの帰路娘婿の在オランダ公使オーガスト・ベルモント邸に、一八五四年十一月下旬から翌月下旬帰国のため英国に向かうまでの間、滞在[46]したが、この両者はともにオランダがペリーの日本開国という功績の一端を自国の功績にしようとした行動を恥ずべきことだと思っていたようであるが、この感情はベルモントの本国に対する公信による報告にも反映されている。

例えば、ペリーの報告書自体は、この「オランダ人（の）公式文書」のことを「植民大臣の声明文」とのみ記し、具体的にどの文書か特定していないが、一八五五年二月付ベルモント在オランダ米国公使発マーシー国務長官宛公信で、オランダ植民相の公式の報告書がペリー提督が達成した成果についてその一部なりとも、自国の功績にするように図ったものだと本国に報告した[47]。

さらにベルモントは、ハーグに着任した直後からオランダに不信感を持っていたようである。彼は一八五三年十二月付マーシー国務長官宛公信で[48]、現地紙が当時進行中であったペリー日本遠征隊について、「非友好的」な記事を掲げたことを問題視し、時の外務大臣ファン・ホールと面談し問題を提起、外相からはオランダ政府の米国への協力姿勢には一切変わりはないとの回答を得たとしつつも、オランダ側が米国による対日開国努力を批判的に見ていたことに強い不信感を表していた。このことは、ホイッグ政権下の駐オランダ・フォルサム公使と、民主党政権がハーグに送ったベルモント公使の間のオランダに対する距離感に違いがあったことを示す一つの例であった。

ペリーが一八五四年二月末江戸湾に再来し、幕府との開国交渉を行った際、既に幕府にはオランダ側の勧告が伝わっており幕府はそれを十分踏まえて交渉したと言えよう。しかも、出島商館長が、米国として最後までこだわる関心事項は石炭貯蔵・補給のための開港であり、通商のための市場開放は二の次であることを強調したことは、期せずして海洋戦略家ペリー自身の、まず開港を実現させるべし、との考え方に合致していた。彼自身がまず若干数の開港を実現させることができれば通商のための市場開放は後からついてくると見ていたので、日米双方の最終妥協点に一致が見られたと言えるがその過程において、オランダ側の幕府に対する適切な忠告が貢献したともいえる。

オランダの先回りの試みについてのペリーの批判はたしかに的を射ていたが、その後一八五四年三月の最終交渉の段階におけるオランダの役割は米国の本来の目的に照らしてもそれなりに評価しうるものであった。

しかし、ペリー本人は再度の来航までの半年余りの間に長崎で商館長と長崎奉行の間で行われたやり取りを知る由もなかった。また、彼が『ペリー艦隊日本遠征記』の編纂にあたった時には大統領は既に（一八五三年三月、つまり、ペリー艦隊の浦賀来航より四か月近く前に）フィルモアから民主党のピアースに交代しており、米国内では前政権そのものへの関心、ましてフィルモア政権がオランダに日本遠征隊への支援を要請するという外交的手段を講じていたことに対する関心はなくなっていたことは、前に述べたベルモント公使のオランダ不信の言動からもうかがえる。当時の政治的雰囲気の中で一八五六年に出版された『遠征記』ではフィルモア政権のオランダに対する外交努力に言及がなかったことは驚きではない。

フィルモア大統領の下でペリー遠征隊派遣の目的達成のために進められたオランダへの外交的働きかけは、オランダの米国に対する協力姿勢に当初の表向きの積極さとは異なる裏での消極性があったこと、また、最後には積極姿勢が前面に出てきたこと等紆余曲折があったものの、結果的にはオランダの側面援助に助けられ、日本の開国という成果につながった。

ペリーの砲艦とフィルモアの外交

フィルモア、ウェブスター、フォルサムの外交関係者の間では、米国の日本に対する働きかけをめぐるオランダの敏感な心中を察しつつ協力要請を行ったのに対し、ペリー提督は終始一貫してオランダに対する不信感を隠さなかった。

そもそも、ペリーは一八五一年一月に海軍長官に提出した彼の日本開国についての提案に始まり、日本への遠征隊を率いることになった一八五二年を通して準備をする過程でも、さらには、日本に向かい浦賀にまず来航し、一八五四年三月の再度の来日で幕府に下田・函館の二港の開港を認めさせ「日米和親条約」を締結するに至るまで、終始オランダの真の意図を疑っていた。具体的には、ペリー提案の冒頭でオランダが長崎の出島を通じて、他の外国が日本と接触・交流しようとするのを阻止してきたとの見方を、米海軍艦長ビドルおよびグリンそれぞれの幕府との接触でも「唯一の通訳」として両者の間に入ったオランダ側が巧みに自国に有利に幕府を動かしていたと評価し、「まさにこの明白な理由によって、将来あり得べき遠征はこの港（長崎）を避けるべきである」と強調している。[49]

また、ペリーは、日本の開国に成功した一つの理由が長崎を接触の窓口をするべきとした幕府の意向を無視し江戸の目前の江戸湾の中に入って幕府との交渉に固執したことであると自負し、『ペリー艦隊日本遠征記』では、自分が「和親条約」で他の港を開港させ、後続の諸国も同様の恩恵にあずかることができるようになったことは、オランダを「二世紀半にわたり出島に限定されていた（「幽閉されていた imprisonment」）」状態から解放したのだとの趣旨も述べている。50

ペリーによる日本開国は米国の「砲艦外交」の走りともいわれるが、フィルモア政権全体としてこの課題についてどのような基本路線を立て、どのような陣容でこれに臨んだかを見てみると、特にオランダの位置づけにおいて終始不信の念をぬぐえなかったペリーと、オランダの内心の危惧にも配慮しつつその善意に賭けた外交当局との微妙な齟齬があったことは明らかである。

もちろん、オランダ側の動きを見ればペリーの不信感は必ずしも的外れではなく、日本における自らの特別な地位を守るべく先回りし米国の脅威を大きく喧伝することで幕府側に間接的に威圧する姿勢をみせた。しかし、結局先陣が切れないことが明らかになった時点でオランダ政府はむしろ首都ハーグで米国に約束した通りにペリーの狙いが達成されるように動いた。

この一八五一年の遠征隊派遣決定から五四年の和親条約締結までの三年間を見れば、紆余曲折はあったものの米国フィルモア政権としてオランダの側面支援を求めるとの外交がそれなりに効果を持ち結局ペリーによる開国実現に寄与したと言える。

要するに、久里浜でのフィルモア大統領親書手交から横浜での和親条約締結に至ったペリーの率いる遠征隊と幕府との接触・交渉は、ワシントンとハーグでの米国・オランダ間の外交的接触、ハーグからバタヴィアを経由して長崎出島のオランダ商館への情報伝達、そして鎖の最後の環としての出島商館長と幕府・長崎奉行との折衝という連携によって、いわば「裏」で支えられていた。オランダが先回りして条約を締結しようとした試みに失敗して以後、むしろ幕府に米国との間で開港に合意することが得策であると勧告していたという「裏側」は、ペリーには必ずしも明らかになっていなかったので『ペリー艦隊日本遠征記』での厳しいオランダ批判に繋がったと言えよう。

これらの動き総体を全体としてまとめれば、「砲艦外交」の「砲艦」部分、つまり武力を背景として威圧する姿勢はペリーにおいて顕著に具体化されたが、他方、純粋「外交」部分はフィルモアとその下の外交当局が担当し、この両者の働きかけの結果として日本の門戸開放、具体的には二港の開港の成功があったと言える。

第九章　逃亡奴隷法と大統領選挙

ペリーがフィルモア大統領の徳川将軍宛親書を久里浜で渡した一八五三年七月十四日の時点では本国では大統領は第十四代のピアースが就任して既に四か月も経っていたのでフィルモア親書は、いわば有効期限が切れていた。ペリーは、「米国国書」が実は現職の大統領のものではない事実について、自身の請け負った任務に変化をもたらす要因と見ていた様子はなかった。というのも、彼がフィルモア親書を預かった時点で日本に到達する前に政権が交代していることは明らかだったからである。つまり、ペリーにとって、大統領親書は幕府説得にあたる際の道具の一つにすぎなかった。

ペリーが、元首たる大統領の親書を、途中で政権交代があった事実を無視して「日本皇帝」に届けるという、いわば平然としてフィルモア政権と距離を置く態度をとれたのはなぜだったのか。

まず、一八五一年から五二年にかけての米国国内政治状況は、「一八五〇年の妥協」による相対的安定が徐々に崩れ、フィルモア政権の政治基盤が弱体化していった過程であった。決定的であったのは、一八五二年六月下旬のホイッグ党大会において、フィルモアが現職大統領という一見極めて有利な立場に身を置いていたにもかかわらず、党の主流派の支持が得られず、次期大統領選挙の際の候補の地位を確保することができなかったことである。したがって、五二年の夏には、フィルモアの任期は、十一月二日の本選挙の結果を待つまでもなく、翌五三年三月に終了することは既定事実となっていた。

フィルモアは、一八五二年十一月八日、アナポリスの軍港に停泊していた旗艦ミシシッピ号にケネディ海軍長官ともどもペリーを往訪し、遠征隊の「送り出し」を行ったが、この頃、フィルモアとペリーの相対的関係は既に変化していた。前章で見たフィルモア外交としてのオランダ政府に対する支援要請（六月十四日付のウェブスターのフォルサム公使宛訓令）はペリーのオランダ不信にかかわらず行われたが、この時点が、フィルモア政権が本件について指導力をそれなりに維持していた最後であったと言える。

フィルモアが大統領としての再任可能性をホイッグ党から与えられなかった理由は、彼が連邦統一維持を優先させ、南北間の融和を優先する立場を堅守したが故に、奴隷制度廃止を至上命題とする北部諸州の勢力が先導した時代の大きなうねりから取り残されていったことにある。この章では、この経緯をたどることにより、フィルモア本人の政治的地位が、ペリーの出航時点ではすでに残すところ四か月となった任期の残存期間を消化するだけの存在に変化していたことの意義を取り上げる。フィルモアの大統領としての任期が限定された結果、日本遠征という外交的事業の主導者としての立場は弱まった。まして、一八五三年三月の政権交代後は、ピアース政権の関心の乏しさもあり、日本開国交渉はペリー一人に依存することとなった。ペリーが一八五四年三月の幕府との交渉により「日米和親条約」を締結するという大成果を上げたことは、ペリーの功績として称えられることとなり、大統領としてのフィルモアが早々と忘れられてゆくとともに、大統領として日本開国を推進したフィルモアの功績も忘れられた。この章では国内政治の動きに焦点を当て、フィルモアとペリーの役割変化の背景をみる。

「一八五〇年逃亡奴隷法」の致命的矛盾

フィルモア政権が一八五一年年央に日本への遠征隊派遣ができたのは、既に述べたように「一八五〇年の妥協」によって内政上の相対的安定が得られていたからであった。この「妥協」が成立した直後には、国内の各政治勢力には総じて大きな安堵をもって受け止められた[1]。しかし、この妥協は問題の本質的解決を得たものではなく、いわば一時的停戦に過ぎなかった。[2]そして、当初の相対的安定も五一年から五二年にかけて、底流において徐々に崩れはじめ、五三年の政権交代を経て一八五四年一月に「カンサス・ネブラスカ法案（Kansas-Nebraska Bill）」が議会に上程されると、奴隷制の領域的拡大をめぐる南北間の対立が再び政治の中心に戻ってきた。[3]そして、新たに再燃した南北の対立は年を追って深刻化し、やがて一八六一年四月に内戦（南北戦争）の勃発となる。しかし、この内戦に至る萌芽は「一八五〇年の妥協」そのものに内包されていた。特に、「妥協」の最も重要な構成要因であった「一八五〇年逃亡奴隷法（Fugitive Slave Act of 1850）」が問題の核心にあった。[4]

「一八五〇年の妥協」直後には、それまでの激しい対立が不思議に思われたほどに、南部諸州においては、即時離脱派とも言える奴隷制維持・州権強調の強硬派に対する一般市民の支持が急速に萎み、北部との妥協のもとで連邦の統一維持を優先させる勢力が優勢となった。またこれに呼応したように、北部でも総体としては連邦の統一を優先する穏健派の勢力が多数を占めた。

他方、この表面的安定の裏で北部諸州の一部において奴隷制廃止論が徐々に高まった。その原因は「妥協」の重要な一環として一八五〇年九月十八日にフィルモア大統領の署名をもって法律として成立した「一八五〇年逃亡奴隷法」であった。この「逃亡奴隷法」が連邦議会で採択された時点では、まだ「妥協」の精神が議員を支配していたので討議もあまり活発でないまま「妥協」の必須要素として、いわば当然のように採択された。しかし、「逃亡奴隷法」の投票結果をみると、北部諸州の議員の多くは棄権したので、内容からしてある意味では当然に南部に基盤を置く民主党の支持で成立したものであった。

この法律の趣旨は南部奴隷州において奴隷であった者が、所有者の支配から逃亡し、北部の自由州に逃げ込んだ場合、引き渡しを求める所有者の要請が正当であれば連邦政府の官憲がその逃亡奴隷を拘束し所有者に引き渡すことを定めたところにある。この法が扱った問題自体は建国当時から存在し、最初の関係法は一七九三年に成立していたが、南部奴隷州側は「一七九三年逃亡奴隷法」の履行に北部諸州が真剣に取り組んでこなかったことに不満を募らせていた。したがって、「一八五〇年の妥協」の中で成立したこの一八五〇年の法律は、それまでのなおざりな（と南部諸州が不満であった）法の執行を一層着実にするためのものであり、「一八五〇年の妥協」の成立において、カリフォルニアを自由州として連邦編入を容認することとの対比で不可欠といえた南部奴隷州側に対する大きな譲歩であった。

「一八五〇年逃亡奴隷法」の扱いの難しさは、その根拠が連邦憲法の明示的な規定にあったことにあった。法体制の異なる州相互の関係にかかわる第四章で「一州において、その州の法律によって役務または労務に服する義務のある者は、他州に逃亡しても、その州の法律または規則によってかかる役務または労務から解放されるものではなく、当該役務または労務を提供されるべき当事者からの請求があれば、引き渡されなければならない」と規定した[6]。

これは、独立直後の十三の「国（state）」の連合が、一七八七年の連邦憲法により十三「州（state）」を統合した「アメリカ合衆国」として再構築された時に、当時南部諸州に現実に存在し政治経済に深く織り込まれていた奴隷制度について、連邦構成上の妥協としてそのまま容認したことを反映した条項であった。逃亡奴隷の所有者に対する引き渡しは、憲法において「奴隷」との用語こそ使用されていないものの、州に対する義務として明確に規定されていることに問題の根深さがあった。

「一八五〇年逃亡奴隷法」の成立そのものは、「妥協」の枠組みの一環として、いわば粛々と実現したが[7]、その実際の履行が始まるとともに北部における拒否的反応が徐々に高まることとなった。それは、人間としての自由を求めた〝奴隷〟が所有権の対象物として所有者に引き渡されるという不公正・不条理に対する道徳心の強い人々の間で反発が高まっていったという、今日の価値観からすれば全く当然の反応の結果であった。しかもこの法は連邦憲法に根差す連邦法であるので、逃亡奴隷の捕捉と引き渡しの手続きが連邦官憲にゆだねられていた。これに対し一部州では連邦法に反発を強める州民の意向により、州官憲の関与を認めないことを定めた州法を成立させたところも出てきた。

この結果実際に逃亡奴隷法に則り引き渡しを追及するにあたって北部の一部地域においては、同法の執行に反対し自由の身となったと目された「元」奴隷の庇護を具体的に行う事例も多く、関係者が実力行使を行い、法執行に当たる連邦官憲と衝突する事態も生じた。極端な例の中には、官憲から奴隷を庇護しようとした大衆との衝突の混乱の中で奴隷所有者が死亡する事態も起こった（一八五一年九月）[8]。

本法に反対する勢力、特に奴隷制を廃止すべしとする勢力からは法律の履行のみならず法律そのものに対し反発し、さらにはこの法律を「妥協」の不可欠な要素として推進した政治家達も激しく糾弾された。例えばウェブスターは「モンスターだ」などと批判され、フィルモアも「生まれてくるべきではなかった男だ」等口汚い批判を浴びせられていた[9]。北部の強硬な奴隷制廃止論者から見れば、この法律は人道に反する全くの悪法であり執行されてはならないのみならず、むしろ廃止されるべきものであった。

しかし、フィルモア大統領、ウェブスター国務長官等の「一八五〇年の妥協」の立役者だった政権関係者は、この法律は連邦憲法に根拠があるので、これに反対することは議会の立法権を否定するのみならず連邦憲法に反することになると言わざるを得ないとの立場であった。そもそも連邦憲法の関連規定そのものが建国の際の妥協の産物であったことと同様に、「一八五〇年逃亡奴隷法」がもたらす問題も「一八五〇年の妥協」の核心をなすものであった。そしてこの法に体現された南部諸州に対する譲歩は、その時点での連邦の分裂回避を優先させる立場からは、不可欠なものであった。この立場に立てばこの法律の適正な履行によって南部諸州の連邦政府、大統領に対する信頼を保ち、連邦につなぎとめることで南部の分離、すなわち連邦の崩壊、を阻止する上で他に選択肢はないとみなされた。したがってフィルモアがその履行を法律に即して進めることは、大統領就任時の憲法順守の宣誓からも、彼自身の信念からも、理にかなったものであった。

ちなみに、フィルモアは「一八五〇年の妥協」の完成直後、大統領就任後初の一八五〇年十二月二日付「年次教書」で次のように述べている。

内政において、自分は連邦憲法こそを道標とする。……憲法のすべての条文は等しく拘束力を持つと理解する。その全ての部分において人民の意思が最も崇高な形で表明されている。……自分の第一の義務は、憲法の賢明さを疑わないこと、（そこで規定されている権利と義務に）追加したり、その義務を回避したり、その命じるところを無視したりしないことである。憲法は、法律を忠実に執行することが大統領の義務であることを定めている。[10]このくだりは、「妥協」の成立に努力し、その維持に腐心したフィルモアとしては、大統領として当然のことを述べた以上の特別な意味合いがあった。

さらに、フィルモア自身の「逃亡奴隷法」の着実な執行に対する思い入れは、さらに、一八五一年十二月大統領としての二回目の「年次教書」の中で過去一年余りの履行状況を詳しく報告し、擁護がその大統領の責任のすべてであるとの立場を以下の引用に見るように縷々述べている。

労務よりの逃亡者を引き渡しするため法の執行にあった連邦政府の官吏が、無法かつ暴力的な大衆の抵抗にあい、執行ができないこととなったいくつかの事例が生じたことは遺憾である。……この種の事例において自らの権限に即して法の執行のため、あらゆる支援を与えることは自分の責務であり、法の執行が抵抗にあう場合、それが何時であっても何処であっても、引き続き（法の執行を）支援する。……労務より逃亡した者の引き渡しに関する法律の細部について反対が表明されているが、その主たる反対は憲法そのものに対するものであることは留意されるべきである。[11]

スワードの政治信念

ところが、当時の内政状況の中で連邦統一維持を優先し憲法に忠実であろうとするフィルモアの政治姿勢・信念は、彼の出身地域であるニューヨーク州をはじめとする北部諸州の奴隷制反対論者の反発を招くことになり、彼の評判は損なわれていった。

フィルモアに対する批判の中でも、同じホイッグ党内でかつ若くして相前後してニューヨーク政界に登場した頃からの競争相手であり今や新人連邦上院議員となったスワードの批判が際立っていた。スワードはニューヨーク州の政界に登場した頃から奴隷制反対の立場を鮮明にしていた。そして逃亡奴隷の問題についても、州知事の任期の初年一八三九年の年央にヴァージニア州政府からニューヨーク州政府に対しある奴隷の逃亡を幇助した廉で三名の自由人としての黒人の引き渡しを求められた事件があったが、ヴァージニア州の要求を明確に拒否したことがあった。そして、一八四〇年にはニューヨーク州議会は知事の意向を反映して、「奴隷所有者」の言いなりに「逃亡奴隷」を引き渡してはならないとの趣旨の州法、「ニューヨーク州逃亡奴隷法」を立法した。[12] この州法の名称は連邦法に似ているが内容は全く逆で「所有者」の引き渡し要求を安易に認めることを阻止する制度であった。[13] さらにスワードは、州知事の任期を終え一八四九年に連邦上院議員になるまでの約六年間地元で弁護士活動に従事していたが、その際も黒人被疑者の人権尊重の立場から世論に抗して弁護に当たりその志操堅固さは有名であった。[14]

逃亡奴隷を南部の「所有者」に引き渡すことを事実上拒否するスワードの政治姿勢は、既に一八五〇年三月十一日新人上院議員として上院本会議で行った処女演説で明らかにされていた。当時の上院での奴隷制を巡る討論とスワードの演説については（第四章一節「大統領が直面した危機」で）既に言及したが、スワードはその時議論となっていたクレイ議員が上程した複数の法案の中でも、特に逃亡奴隷の拘束・引き渡しに関する法案に対して厳しく批判し、これに強く反対した。この演説でスワードは奴隷制については幅広い観点から批判したが、ある個所ではその制度が連邦憲法において事実上容認されていることを認めつつも、自由こそが憲法の本来の理念であるので奴隷制度はいわば暫定的に容認されたにとどまり、法の下の平等を規定する憲法の基本理念から見ると収まりの悪い制度であると断じ、この観点から逃亡奴隷を拘束し、さらにはそれを（所有者に）引き渡すことを求める案を強く批判し、反対した。[15] スワードのこの演説は、「憲法より高位の法（a higher law than the Constitution）」という表現が切り取られた形で有名になったことは述べたが、スワードはニューヨーク政界では容易に貫けた奴隷制反対の立場を、連邦統一維持をめぐり議論が沸騰していた中央政界においても、自身の信念に忠実に、南北間の妥協に正面から反対した。こうしたスワードの奴隷制についての政治姿勢は、大統領の責任として憲法を守り、ようやくまとめることができた南北間の「妥協」に忠実であろうとしたフィルモアの政治姿勢とは全く相容れないものであった。

「一八五〇年逃亡奴隷法」とその履行に際しての問題は当初は南北間の立場の対立から議会内の論争は厳しかったものの、一般世論においては必ずしも北部諸州においてすら大勢を占めていたとは言えないものであった。しかしこの北部の世論に決定的な影響を及ぼすことになったのが一八五一年に雑誌に連載され、五二年三月に一冊の本として出版されたハリエット・ストウ夫人（Harriet Beecher Stowe）の小説『アンクルトムの小屋（Uncle Tom's Cabin or Life Among the Lowly）』であった。この本は子供にも分かりやすい筆致で奴隷の悲哀を人間性の観点から描き一年目だけで三十万冊が爆発的に売れた。その結果、北部の一般市民の奴隷制に対する反対の意向が徐々に高まり、北部社会に対する影響は甚大であった。[16]

一八五二年に入り北部諸州での奴隷制反対の機運が広がりを見せるにつれ、次期大統領選挙を控えてのホイッグ党内の指導権争いも厳しいものとなり、六月に開催された党大会での次期大統領候補選びは難航した。

指名されなかったフィルモア

一八五一年から五二年にかけての米国国内政情は大きな流れとしては「一八五〇年の妥協」による相対的安定が続く中で、「一八五〇年逃亡奴隷法」の連邦政府による忠実なる履行に強く反対する北部奴隷制廃止論者と、これに対抗する南部連邦離脱推進者の両急進派勢力が再び台頭してきた。このような政情の中で、ホイッグ・民主両党は同年十一月の大統領選挙に向け、一方は政権維持、他方は政権奪還を目指してそれぞれ次期大統領候補の指名と政策綱領を採択するべく、六月に全国党大会を開催した。奇しくも両党とも南北の間の境界州（いわゆるボーダー・ステート（Border State）、奴隷制を容認した州であったが、深南部（Deep South）諸州のように連邦離脱の意向はなかった）の一つであるメリーランド（Maryland）州のボルティモア（Baltimore）市で相前後して党大会を開催した。

先に開催したのは民主党であった。同党は前回大統領選挙の際、実力者ヴァン・ビューレンが支持者とともに離党し独自の第三党の大統領候補として選挙戦に臨むという分裂選挙に陥った結果、ホイッグ党に敗れ、テイラー・フィルモア正副大統領が誕生する事態を招いた。今回はこの経緯に鑑み、ヴァン・ビューレン一派も復党し分裂は克服され、南北両地域の有権者に訴える候補と政策綱領を採択し必勝を期すべく大会に臨んだ。大統領候補の指名争いでは当初それぞれ有力な領袖四人が競った。当時の党大会は各州選出の党代議員全員の投票により過半数を獲得する候補が決まるまで投票を繰り返すのが恒例であった。もちろん舞台裏では毎回の投票に向け様々な取引が進められていたが、実際に投票回数を重ねても四人のいずれの主要候補についても過半数に近づく動きが見られない膠着状態が続いた。三十五回目の投票に際し満を持してフランクリン・ピアース（Franklin Pierce）が「妥協候補」として立候補し、以来投票を重ねるごとに着実に支持票を伸ばし、ついに五十一回目の投票で半数を超え大統領候補としての指名を獲得した。ピアースは一般には奴隷制反対の世論が優勢なニューイングランド地方にあるニューハンプシャー州出身であったが、「南部の心」を持つ男と評価され、本選挙において南北両地域いずれでも得票が期待されたので指名を勝ち取ることができた。また政策綱領についても北部急進派勢力に厳しく批判されていた「一八五〇年の妥協」について、民主党としてはこれを「最終的」なものとの認識するとの立場を打ち出した。つまりこの「妥協」は南北間の関係を律する包括合意であり、その一部なりとも修正を求めることもまた、受け入れることもしないとの立場でホイッグ党と対峙した。

これに対しホイッグ党は民主党大会の二週間後に全国党大会を開催した。その時点では来たる本選挙で対抗する民主党が今回は分裂を克服しておりその大統領候補は北部出身ながら南部地域においても支持を集めることが予想された新人ピアースであること、さらには政策綱領としては「一八五〇年の妥協」をそのまま、つまり「一八五〇年逃亡奴隷法」の忠実な執行を含め、支持する立場を取っていることは既成事実となっていたので、その前提で自党の大統領候補と政策綱領を採択する必要に迫られた。しかし、今回は政権の維持を目標とする立場にあったホイッグ党の実情は、党内において深刻な対立を抱えた容易ならざる状況であり、党大会は難航した。一方では奴隷制反対論を掲げるスワード上院議員を頂点とする急進派と、他方で連邦統一維持を至上命題とするフィルモア大統領の周囲に参集した穏健派との対立は、フィルモア大統領とウェブスター国務長官が指導した「一八五〇年の妥協」と「一八五〇年逃亡奴隷法」をめぐり、深い溝で分かれ、抜き差しならないところにきていた。特に、フィルモア政権の下で政治の中枢から遠ざけられたことを不満とした急進派の勢力挽回の思惑もあり、対立はますます深まっていた[17]。

まず、急進派はスワード上院議員こそ将来の大統領に相応しいとして結束していた。しかしこの勢力の事実上の指導者であったサーロー・ウィードの意向で、スワードが奴隷制反対の立場を旗色鮮明にしすぎており南部諸州の反発も激しいことから、この年の候補としては米墨戦争米軍総司令官として南部諸州を含め全国的な知名度を持ち、南北両地域での得票が期待された、ウィンフィールド・スコット将軍（General Winfield A. Scott）を擁立して党大会に臨んだ。これに対し、フィルモア大統領の再選を望む穏健派は、ひきつづきフィルモアを擁立した。

この両派の激突という構図をさらに複雑にしたのがウェブスター国務長官の立候補であった。フィルモア自身は上院の重鎮にして自らの政権の中枢たる最重要閣僚であったウェブスターに対し敬意を強く抱いていたので、ウェブスターの立候補自体には反対することはなかった。むしろ、同じ穏健派として国務長官支持票が最終局面では自らの支持に回ることを期待していた。ウェブスターは一八一〇年代より連邦下院議員から始まる輝かしい政治家としての経歴を有していたが、党大会の時点ですでに七〇歳であった。

大統領候補指名をめぐる第一回投票ではスコットとフィルモアそれぞれ約百三十票と拮抗し、ウェブスターが三十票を獲得した。ホイッグ党大会では民主党大会と同様にいずれかの候補が代議員の過半数を取るまで投票を重ねることになっていた。この年は結局日曜日を挟んだ足掛け三日にわたり繰り広げられた。投票は最終段階でウェブスターが自らには勝ち目はないと大統領への夢を断念し辞退した結果、その支持票がフィルモアではなくスコットに流れ、スコットが指名を獲得した。この時点でフィルモアの第二期目の大統領就任の機会は消えた。

ホイッグ党大会がスコット将軍を大統領候補に指名したのは、最大の争点であった「一八五〇年の妥協」について将軍自身が「柔軟」であったこともあって、党の選挙綱領の内容は党内の対立をそのまま反映し、穏健派が主張した「一八五〇年の妥協」は「最終的」なものであるとする立場を明確にとることは避け、曖昧なものとなった。党内急進派は、もしもフィルモアが指名されることになれば、彼が達成した「妥協」による南北間の融和という業績そのものが、奴隷制反対の立場の党支持者の反発を招き、多様な党支持者全体を幅広くまとめることが阻害される、として反対した。

フィルモア政権の下での施策で一部有権者の支持を失うと目されたもう一つの案件として、同政権がキューバ問題に対して抑制的な態度をとったことが挙げられる。フィルモアが大統領であった当時、米国内の領土拡張主義に立つ政治勢力に属する私兵の一団が隣国キューバに攻め入り支配下に置くことを試みた事件があった。キューバの領有化に利害を見出したのは、南部諸州の奴隷制拡大を目指す民主党系の勢力であったが、この事件の処理をめぐるフィルモア政権の姿勢は南部の強硬派から米国の権益を損なったと批判された。このことは、ホイッグ党内反フィルモア派からも利用され、フィルモアは対キューバ問題では強硬論が多い民主党の支持者の票を獲得することは難しいと大統領候補指名阻止の理由とされた。

つまり、フィルモアはその政治信条から穏健派であったので、南北対立においても融和による連邦統一維持を至上命題としたこと自体が北部急進派有権者の支持が得られない理由とされた。他方で、対外関係ではキューバ問題で領土拡張に向けた強硬な姿勢には反対したので、特に南部諸州の領土拡張により奴隷制の拡大を図ろうとする勢力からは弱腰すぎると批判され、南北双方の急進派の批判を浴びるという穏健・中間派の悲哀を体現した格好になった。

ホイッグ党大会は、スコット将軍を大統領候補に指名した後に副大統領候補として、スコットとのバランスを取るため、穏健派に属しかつ南部ホイッグ党支持者をつなぎ止めるため南部奴隷州の一つであるノースカロライナ州出身のグラハム海軍長官を指名した。グラハムはこの指名を受けるに当たり、海軍長官の職を辞したので、フィルモアはその後任としてその年の七月にメリーランド州出身の政治家ジョン・ペンドルトン・ケネディ（John Pendleton Kennedy）を海軍長官に任命した。

またウェブスター国務長官は、老齢と病身を押して党大会での指名争いに身を置き結局敗れたので、以後は自宅で静養しつつ国務長官の任には留まっていたが十月に死去した（この年の十一月にペリーへの訓令が国務長官代行から出され、ついで、フィルモアの二度目の親書は新任国務長官エヴェレットにより副署されたことは第七章の末尾で述べた）。

その年十一月の大統領選挙では結局ピアースを擁した民主党が選挙人数では圧勝し、翌年三月には与野党間での政権交代となることが確定した。この事態をフィルモア大統領から見ると自らの再任はありえなくなったのみならず、ホイッグ党出身の大統領に政権を引き継ぐことも叶わなくなったということであった。

この状況はフィルモア政権がそれまで推進してきた日本遠征隊派遣の政策にも様々な影響を及ぼすこととなった。なかでも、既に第七章で述べたように訓令を発する立場の陣容変化によって、政権側とペリー個人との関係においてペリーの力が相対的に強まった。

こうしてフィルモア大統領がウェブスター国務長官とグラハム海軍長官とともに積極的に推進した日本への遠征隊派遣も、オーリックが更迭されペリーが後任として任命された時点でペリーの実力に敬意を表する形で政権側がかなりの裁量を与えたが、五二年の年央から秋にかけての大統領の再任の可能性がなくなったことと、その後の海軍長官ついで国務長官の交代等により政権との関係でペリーの裁量が一層大きくなった。この結果、あたかも日本遠征そのものがペリー自身の事業のような印象を後世に残すこととなった。

他方でフィルモア大統領にとっては、日本遠征隊派遣計画が自らの発意による政策であるとの自覚は強く、自身の政権の任期が三か月を残すばかりの時点においても弱まった様子はなかった。

憲法順守の固い信念

フィルモア大統領は六月のホイッグ党大会で次期大統領候補の指名を確保できなかったことで、翌年三月までは残された任期を消化するだけの立場に立たされた。しかも十一月の大統領選挙ではピアース候補が圧勝した結果、次期政権は自らと同じホイッグ党とは異なる民主党政権となることも明確になった。それにも関わらず残された数か月の任期中において、フィルモア自身は日本遠征隊派遣を自らの政権が正面から取り組んだ重要政策として推進を続けた。

その一つの表れが十一月の選挙の後、ペリーが旗艦ミシシッピ号により軍港アナポリスから出立する直前の十一月八日、地元メリーランド州出身のケネディ海軍長官を同道、ペリーの送り出しを行うため同港に出向いたことである。[18]

さらに十二月六日第三十二議会第二会期開会に当たって提出した大統領として三回目にして最後の「年次教書」[19]において初めて日本遠征隊派遣について詳しく議会に報告したことである（第六章四節「日本との関係に初めて関心を表明した年次教書」参照）。この教書で、大統領は相当な期待を込めて遠征隊について詳述している。特に、この「年次教書」で遠征隊に対し日本現地でのオランダ当局の協力を外交的に要請したことを報告した（第八章参照）が、この外交活動[20]

は東インド艦隊司令官としてのペリーを指揮・監督する立場の海軍長官の所管ではなく、まさに大統領・国務長官の専管する案件であったので、大統領が「年次教書」で公にしたものであった。

さらに、既に述べたようにフィルモアはこの日本遠征隊について報告した個所で、ペリーの名前に言及していない。ペリーが日本遠征隊を率いて出港したことは、四月の上院での日本遠征隊討議（第六章三節「上院での討論」参照）の際にも引用されたように新聞でも報道されており周知の事実であったにもかかわらずであった。日本の開国はペリーの業績であると認識する立場からは意外に思われる報告であろうが、大統領の視点からも上院での審議でも、この政策はフィルモア政権が決定したのであり、ペリーは特命全権として大統領から任務を託されたに過ぎない、との認識が根底にあった。

他方、この大統領「年次教書」に付属され議会に提出されたグラハムの後任海軍長官ケネディの一八五二年の年次報告では、ペリー東インド艦隊司令官に日本開国のための折衝が特命されたので、海軍省としてペリーの任務のために、三隻の軍艦を追加的に配備したことを詳しく述べている。[21] また、この海軍長官年次報告ではフィルモア大統領の「年次教書」と同様に日本に開国を求める理由が並べられ、かつ、ペリーの麾下の艦隊は与えられた困難な任務に十分対応できることが期待されるとして、ペリーの対日交渉において艦隊の規模が重要な意義を与えられていることが強調された[22]。

これらの史料はフィルモア政権の下での日本遠征隊派遣は、外交・海軍両当局総体として取り組んだことの証左であった。

第三部

一八五三－一八七四

歴史に忘れられたフィルモアの晩節

第十章　第十四代大統領ピアースの四年間

ピアース政権の対外政策

一八五三年三月三日、フィルモアは後任フランクリン・ピアースの就任式に立ち会い、二年半余りの短い任期を終えた。この時点で、ペリーは未だ日本遠征途次にありセイロン（スリランカ）到達を目前にしていた。[1]

ホイッグ党から政権を奪還したこの民主党政権は内外政策において基本路線の大幅な転換を行った。また、米国政治の早くからの慣行であった「スポイルズ・システム（spoils system 猟官制）」に沿って連邦行政府幹部職員の抜本的入れ替えを行った。新大統領は民主党内の主要派閥に満遍なく閣僚・外交使節を含む連邦幹部職員の職を配分したが、その結果かえって党内有力者がそれぞれ自らの基盤を強化することになり、もともと主要領袖間の妥協で候補になれたので、必ずしも指導力があったわけではなかったピアース大統領の求心力は急速に失われた。[2]

外交政策では民主党の伝統的な路線に則って奴隷制容認の立場強化に必要な領土拡張を求める南部諸州の利益にかなった路線を追及した。その最初の事例は新大統領がメキシコに新任公使として派遣したジェームス・ガズデン（James Gadsden）の巧みな外交により今日のアリゾナ・ニューメキシコ両州の南部に当たる領土をメキシコから購入することに政権発足後一年も経たずに成功したことであった（Gadsden Purchase）。[3]

ガズデン公使は南部奴隷制拡大を主張する勢力に近く、この土地の購入は同じ勢力に属し新政権の下で陸軍長官となっていたジェファソン・デイヴィス（Jefferson Davis 後の「アメリカ連合国」大統領）の推進した大陸横断鉄道南部路線計画と気脈を通じていた。この領土拡張が大陸横断鉄道路線を国土の「中央」に敷くべしと主張する政治勢力を刺激し、中央路線実現に寄与することを目的とした一八五四年の「カンサス・ネブラスカ法」[4]が推進され、成立するという政治的動きに繋がった。

この政権にとってさらに大きな外交上の課題は、フロリダ州の南に近接するスペイン領キューバ島の領有を画策する米国一部勢力がもたらす問題への対応であった。フィルモア前政権も米国人の私兵組織による侵略失敗という国際問題に当面し、これを処理した[5]がフィルモア政権の対応は、対キューバ強硬派から「弱腰」と非難された。民主党政権下では、キューバの領土的獲得、少なくとも同地のスペインからの独立を求める活動は、前政権に比べさらに活発化した。

その中でも、民主党への大献金者でもあったオーガスト・ベルモントは、欧州諸国の権力抗争を利用しスペインに圧力を掛けるという外交政策を主張した。ベルモントは自らの構想を進めるため、欧州主要国の外交使節に採用されることを求め、駐オランダ公使に任命された。ベルモント新オランダ公使は五三年八月にハーグに着任し、フィルモアの対オランダ外交を現地で支えてきた前任フォルサム公使と交代した。ペリーは一八五四年末日本からの帰路ベルモント公使邸に立ち寄ったことは既に述べた（第八章、一七九頁）。フォルサムがフィルモアに近く日本との関係におけるオランダの関与に積極的であったのとは異なり、ベルモントの関心はオランダそのものというより欧州諸国を利用することにあった。[6]この例に示されるように、新政権は前政権と比較してみると海洋戦略、通商戦略についての関心は低かった。

民主党新政権は、内外政策の基本路線を前ホイッグ政権のそれから大きく転換したので太平洋岸とアジアを結ぶ航路構築・通商関係推進の優先順位は下がった。ただし、前任フィルモア大統領以下が力を入れた日本の開国を目指す遠征隊派遣については、各界の間で前政権の政策についての関心が高かったこともあり、新政権としてもそのまま基本的に継続したものの、前政権のような熱意を持って取り組んだとは言えなかった。[7]

新政権の日本遠征隊に対する姿勢は、既に洋上にあった東インド艦隊司令官であるペリーに対して下されていた日本開国交渉に当たるべしとの特命を敢えて取り消すことはせず、また、前政権の訓令を新たなもので差し替えることもなく、さらに、ペリーが携行したフィルモア前大統領の「日本皇帝」宛親書をピアース新大統領発の親書に差し替える手はずすら取らなかったことにも反映されている。[8]

新政権が前政権の用意した親書や訓令を変更しなかったことは、フィルモア政権がオーリック提督を更迭し後任にペリーをあてた際に、新たな訓令を用意し、さらに、フィルモア親書を新たに書き改め大統領の署名を取り直した事例と対比させると、著しく異なったものであった。特に、大統領の「使節」の交代に過ぎなかった事態であったのに親書・訓令を改めた前例に対し、国家元首たる大統領がフィルモアからピアースに交代したにもかかわらず、訓令も信任状も新政府から改めて与えられることもなく、まして、前大統領による署名の親書をそのまま活用するとしたことは異様な扱いであった。

オーリックの後任となったペリーは、一八五一年一月にグラハム海軍長官に提示した提案（一一三頁参照）に示されていたとおり日本遠征についての基本的構想を持っていたのでこの任務を受けた際、政府から大幅な裁量を与えられペリー自ら国務長官からの訓令と大統領親書を事実上起草していたと言われている。米国を出港した時点でペリーは既に日本に到着するまでの間に大統領が交代していることを十分承知しつつも、前政権からの訓令と前大統領からの親書とで十分と判断し、それら文書の差し替えを求めなかった。ペリーとしては既に自分の意向を反映した訓令を携行しており、新政権にこれら文書の出し直しを求めることは、その結果内容が新政権の基本路線に応じて変更されかねないこと、言い換えれば自分が適切と考えた任務遂行のあり方について新政権が介入することを回避したと言えよう。

ペリー自身、ピアース新政権になればフィルモア政権と異なった姿勢をとることをある程度予想してか、新政権発足半年後の一八五三年九月二日付本国新政権（ドビン海軍長官）宛公信で「自分に対する訓令に変化はないと信じる。自分は前政権、特にウェブスター（国務長官）より、この（日本遠征）という任務遂行に当たり自分一身に全ての責任が託されていることが保証されており、このような理解の下に自分は司令官に就任した」と他者の介入を受け付けないとの姿勢を伝えていた[9]。

これに対し、新政権としては日本遠征隊派遣という前政権の基本路線は踏襲し、現場に向かっていたペリーにそのまま任務を継続させたものの、ジェームス・コクラン・ドビン（James

Cochran Dobbin）新海軍長官はペリーに対し遠征隊が与えられていた（とペリーが受け止めていた）裁量を制約する指示をいくつか発出した。

当時のワシントンと東アジア海域にあった東インド艦隊との交信は片道でも数か月要したこと、また、ペリーは一八五四年三月に再訪問し交渉を行った成果として下田と函館の二港の開港を中核とする「日米和親条約」を締結し、目的を果たしたので、本国新政権と前政権が現地に派遣した「使節」との間の微妙な齟齬が大事に至ることはなかった。ただし、ペリーとピアース新政権との間の信頼関係は良好とは言えなかった。

政権とペリーの不和

ペリーは新政権から送られてきた指示に対し不満を表明したことが幾度かあった。彼と本国新政権との姿勢の違いが顕著だったのは、次の二つの問題であり、双方の意見の対立はその後の幕府との交渉のあり方、さらには、米国と日本との関係を左右しかねないものであった。

一つは、当時中国で「太平天国の乱（Taiping Rebellion）」が広がり治安が悪化する中で、中国において商業活動に従事していた米国人通商関係者が、東インド艦隊に身体と権益の保護を要請してきたことを受けて、本来日本遠征に参加するために集結した大艦隊の中からどの程度の艦船を中国における権益保護に振り向けるかをめぐるものであった。[10] もう一つは、ペリーの幕府との交渉が、米国の要求をすべて拒否され思わしくない結末に終わった場合の対応ぶりであった。後者に関してペリーは、太平洋航路発展にとって不可欠とみなされた石炭その他資材の補給基地の確保のため「琉球王国（Ryukyu Kingdom / Lew Chew）」を米国の支配下に置くか、あるいは、小笠原諸島（The Bonin Islands）の良港がある島を米国が領有するか、によって日本の港に代替させることを必要と考えており、そのために本国に対し進言を行った。

まず、日本開国交渉と中国における権益保護との優先順位にかかわる前者の論争は二つの段階を経たものであった。第一の段階はペリーが日本に向かう途次、一八五三年五月に上海に到着したところで、その地に駐在していた在中国米国弁務官ハンフリー・マーシャル（Humphrey Marshall, US Commissioner to China）との間に生じた。[11]「太平天国の乱」の拡大を注視していた上海在住の米国商会の代表は権益保護のため東インド艦隊による現場での護衛を求めた。マーシャル自身、自らの所管である中国との関係を念頭に、米国東インド艦隊は日本開国交渉よりは中国における米国権益の保護を優先するべきと主張し、特命として託された日本開国交渉を成功させる上で大艦隊による日本への武力示威を最低限、効果的にすることが優先されるべきであると主張したペリーと対立した。[12] ペリーの意向はミシシッピー号で香港まで来たところで東インド艦隊と合流し、日本に向かう計画であった。ところが香港に着いた時すでに主力艦（蒸気船）サスケハナ号が、マーシャルの命令で上海での権益保護に出向いている既成事実に当面し、自分の意向に反した状況に立腹した。その後、上海に向かい同地でサスケハナ号と合流し、マーシャルとも直接意見をぶつけることになったが、両者の立場の相違は平行線をたどったままであった。しかし、ペリーはマーシャルの意向を完全に無視することはせず遠征隊から（帆船）プリマス号（the Plymouth）のみを上海に残すことにし艦隊は予定通り日本に向かった。[13] ただし、『ペリー艦隊日本遠征記』では、「提督は、中国政府に公式の会見を認めさせるべく軍艦を一隻貸して白河河口まで乗せていってくれるようにというアメリカ弁務官の要求には応じなかったのだが、それは政治上の理由からだけではなく、持てる海軍力を全て日本遠征に集中する必要からでもあった」とのみ書かれており、[14] 行間に現地でのマーシャルとペリーの対立が窺えるものとなっている。

次の段階では、ペリーが日本に到着し久里浜で大統領の親書の手交を終え、一旦日本を離れ、遠征隊に追加的に合流するべき艦船の到着を待った後、まさに再度日本に向かうため香港を出港しようとした矢先、（英国が運営していた）定期郵便船（蒸気船）により本国から海軍長官の訓令が接到した。ドビン長官は、ペリーに対しマーシャルの後任として新中国駐在弁務官に任命されたロバート・ミリガン・マクレイン（Robert Milligan McLane）が米国から到着するまで現地で待機し、日本遠征隊から一隻の「蒸気船」を分遣し、マクレインの管轄に委ねるようにと指示した。[15]当時の海軍では戦艦には蒸気船と帆船双方が存在したが既に主力は蒸気船になっていたので、蒸気艦を割くことは、数量以上の質的な意義があった。この中でドビン長官は、現地米国弁務官は中国との通商交渉という米国利益を追求する立場にあるのであって、このためにペリーが弁務官に協力すること（一部艦艇を中国関連任務のために割くこと）で、日本遠征の目的を損なうことにはならないと、ペリーをたしなめるような言葉も使った。[16]これに対しペリーは、急遽返信を書きその中で日本との交渉に早期に取り組む必要があるのでマクレインの到着を待つことはできないが、海軍長官の指示に応じ一旦江戸湾に向かった上で事情が許す限り早期に蒸気艦一隻をマクレインの為にマカオに向かせることとした。[17]ただし、プリマス号は引き続き上海に残した。しかしペリーは、「この度のご命令は、本官の希望を著しく挫いたことを、本官は告白しなくてはなりません。しかし本官は、本官にできる最善を尽くすにちがいありません」と結んでいる。[18]

中国における米国権益保護こそ東インド艦隊の本来の任務であり、マクレインを支援するべしとの指示に対し、不満をのべたが、[19]結局プリマス号一隻のみ中国における米国権益保護のために割き、その他の艦艇はほぼ当初の計画通り一隊となって再度の武力示威を行うため、江戸湾に向かった。

ペリーがこの時指揮したいわゆる「黒船艦隊」の勢力は、一八五四年二月末日本に再度来訪した際は、前年の浦賀来航時は総勢四隻であったのに対し、旗艦ポーハタン号（flagship, the Powhatan）、ミシシッピ号、サスケハナ号（――いずれも蒸気船）、マセドニア号（the Macedonian）、ヴァンダリア号（the Vandalia）、サウスハンプトン号（the Southampton）、レキシントン号（the Lexington）（――いずれも帆船）の総勢七隻の「威容」を誇り万全の態勢で臨んでいた。当時の東インド艦隊の編成は総数で日本に向かった七隻に、帆船プリマス号（the Plymouth）、補給船サプライ号（the Supply）を加えた九隻によって構成されていた。[20]二度目の日本訪問時のペリーの黒船艦隊は東インド艦隊のほぼ全艦で構成されていたことになる。

ペリーが新政権と対立したもう一つの争点は、日本との開国交渉が失敗した場合には、太平洋航路上の貯炭場や物資補給拠点の代替案として日本本土以外の「琉球王国」あるいは小笠原諸島の適切な場所を米国が支配下に置き確保するべきであるとの提言をめぐる問題であった。本件の展開によっては本国と出先であるペリー提督との間に深刻な対立、本国から見れば訓令違反が起こりかねないのみならず、幕府・琉球王国との間で大きな紛争を惹起しかねない問題であった。

ペリーは日本に向かった当初より日本遠征の当面の目的として、日本の開港によって米国船の補給のための寄港地の確保を優先していたが、幕府の拒否で開港が実現できない場合、代案として日本の保護下にあった琉球諸島にこれを求めるべきであるとして、本国を出港直後、一八五二年十二月、大西洋上のマデイラ（Madeira）島よりの公信で意見具申した。[21]

このペリーの提案に対し、フィルモア政権のエヴェレット国務長官が政権交代による離任を目前に控えた一八五三年二月十五日付ペリー宛最後の公信で「貴官の（一八五二年）十二月十四日付公信は、海軍長官から小職に転達され、小職より（フィルモア）大統領に提示された。大統領は……（米国船舶が）容易に使用できる避難用の港を一ないし二つ以上確保することが望ましく……日本の島嶼において確保できない場合は……琉球諸島において確保し得るであろうとの貴官の見解に賛同している」[22]と伝達した。

その半年後、ペリーは上海を出港し、日本に向かう前にまず那覇（『ペリー艦隊日本遠征記』ではNaphaと表記）に寄港（一八五三年五月下旬－六月上旬）[23]、そこから調査のため小笠原諸島を視察（六月中旬）[24]した後、再び那覇に戻り日本に向かう七月二日まで滞在した。[25]小笠原諸島では父島（Peel Island ピール島）に良港をみとめ米国による拠点確保を行った。[26]ただし、父島の港を米国の支配下に置くための措置は、その後この動きを察知した英国により問題が提起され、結局米国の領有は断念した。[27] ペリーはこのような現場経験を通じ琉球、小笠原諸島とも米国太平洋岸からの航路上の良好な補給港として確保されるべきと確信した。[28] なお、ペリー一行は、最初の日本訪問から香港にもどる過程で三度目の那覇立寄りを行い、琉球王国との間でペリーらしい威圧的な交渉を経て米船のための貯炭場と食料等の補給を認めるという意味での開港について琉球政府の譲歩を確保した。[29]

そのような措置をあらかじめ取っていたペリーは、日本で大統領親書を幕府側に手交し、一旦香港に戻り滞留していた一八五四年一月、今度はピアース政権に対し、前政権と同様に日本との最終的交渉で開港という譲歩を幕府から引き出せない場合には琉球諸島および小笠原諸島に代替の良港を確保するべきであるとの提言について改めて了解を求める公信を発出した。[30] この時点でペリーは、前年七月に久里浜で幕府に手交した日本に開国を求める大統領親書に対する幕府側の回答がどうなるかを危惧していたことが窺える。

このペリーからの公信に対し、新政権のドビン海軍長官はそれまでのペリーからの一連の報告と新たな提言をうけて、米国領土を太平洋の西側まで拡張しようとする構想と受け止め懸念を覚えた。そして、ペリーの提言をマーシー国務長官に示し、後者が大統領にも諮った上で一八五四年五月付の公信による回答で、「貴官による、琉球諸島の一つの島を領有するとの提案は、きわめて困惑させられるものである。……この問題は（ピアース）大統領に提示されたところ、大統領は、貴官の提案の背後にある愛国的動機は高く評価しつつも、連邦議会より権限を与えられていないにもかかわらず、彼の遠方の国の島を領有することは……受け入れられないとの立場である」[31]として、そのような領土拡張を行うことは認められないと明示的に却下した。

新政権に対しこの提案を改めて諮った時点で、ペリーは二回目の日本訪問に向かう前であり、仮に交渉が失敗した場合に備えての確認を求めたものであった。翌年三月、「日米和親条約」で二港の開港を確保した結果、ペリーは幸いにもこの代案を実施する必要がなくなった。時系列でいえば、海軍長官による提言却下の公信がペリーの手に渡ったのは日本で成果を上げ中国海域に戻った後であったので、結果的には何ら問題は生じなかった。しかし、もしも幕府が開港に応じていなければ、ペリーが琉球あるいは小笠原諸島でいかなる行動をとったか、さらにその行動が本国により追認されたか等、展開がどうなっていたかはわからない。日本としてはペリーの果敢すぎる提言にあった沖縄における領土確保の行動が回避されて助かったといえる（父島の領有については第三国の「介入」という展開があったことは前述のとおり）。

このペリーとピアース政権とのやり取りの顛末は、フィルモア政権とペリーが強く思いを入れていた、カリフォルニアからの太平洋航路発展にとって不可欠とされた補給基地確保への執心に対し、ピアース民主党政権が前ホイッグ党政権よりかなり慎重であったことを示すものであった。

ペリーの業績となった日本開国

一八五三年七月浦賀に投錨したペリーは、幕府との交渉を開始するに当たり、幕府側から自らと対等と言える高位の幕府要人が相手になるまで登場しない姿勢をとるとともに、自ら「日本皇帝」宛て書簡を認め、フィルモア大統領からの親書と信任状のみならず、ペリー自身の将軍宛て書簡を追加した。元首の使節が自らの名において相手国元首に自分を紹介することは異例であるが、自分が米国政府から全権を付与されていることを強調し相手側に印象付けるための方策であったと言える。しかもこの書簡でペリーは「皇帝」に対し親書を補完する形で「大統領」の意向を種々述べているが、固有の名前（フィルモアないしピアース）は一切使用せず、国家機関としての大統領職を代弁している形をとっている。[32] 幕府としては、近代国家社会での国際慣行であった主権国家間の外交交渉の在り方をまだ受け入れていなかったので、外交使節と主権者の元首との関係についてよく理解していなかった。この結果大統領親書の発信者が既に退任した「前」大統領であったこと、ペリーの交渉権限を示す信任状も現在の大統領からのものではないことも問題にしたことはなかった。

ペリーは久里浜において日本の開国を要請するフィルモア大統領親書を幕府側に手交し、再度来日するまでに回答を用意するよう求め一旦日本を離れ東シナ海海域に戻った。

その年の十二月、ピアースは自身初の大統領「年次教書」を議会に提出し、三月就任以来の政府活動報告の外交関係部分（この時の「年次教書」の主体は内政報告で外交部分は四分の一程度）の中で、極めて簡潔に「一八五二年に日本の開国を求めるため派遣した遠征隊」の「ペリー提督から「日本皇帝」（徳川将軍のこと）に対し遠征隊派遣の目的が伝えられた」こと、ただし「「（日本）皇帝」がこれまでの制限的な政策を改める用意があり、米国とこの人口の多い国との通商上の交流のため開国するかは、未だ明確になっていない」ことを報告した。[33]

さらに、大統領の教書に付属する形で提出されたドビン海軍長官の「一八五三年年次報告」における米国海軍の各艦隊の動向を報告する項で、東インド艦隊の任務について、まず中国における太平天国の乱の帰趨が判然としない中でこの艦隊の役割に触れ、次いで、日本開国関連任務についてペリーが「日本の国務大臣（one of the ministers of state）」と会談し米国大統領からの親書（a communication from the President of the United States）を自ら手交することに成功したこと、翌年春に再度日本に戻り要求に対する回答を得るため再度来訪することを記述した。[34]この項では、さらに「（ペリーが）麾下の艦隊を従え米国人の必要としている利益保護のために（日本から）中国に戻った」と結んでいるが、この項の書きぶりにはピアース政権での東アジアの二つの国の位置づけが反映されている。

この一年後、一八五四年十二月の大統領「年次教書」においては、その年の三月にペリーが幕府との間で下田と函館の二港の開港を定めた「日米和親条約」締結に成功したことを踏まえ、「特命を託された高官によって、有能かつ巧みに」目的が達せられ条約が締結されたこと、その条約に効力を持たせるため批准書の交換を残すのみ、と簡単に報告した。[35] この教書における米国の外交関係全体の報告に費やした文章が、欧州諸国あるいは中南米諸国との関係につき長文の言及があるのに対し、日本の開国を実現する条約締結はたった二つの文（センテンス）であり、簡単な言及にとどまっていることが印象的である。

なお、ピアースの教書に付属する形の海軍長官のこの年の「年次報告」では、東インド艦隊の活動報告の中で、ペリー麾下の大艦隊が再度「江戸」を訪問、函館と下田に二港を開港し、遭難船員の庇護を保証することとなった「日米和親条約」を締結したことを述べ、条約書が批准承認審議に付されるため、ワシントンに七月十日に接到したことを記した。[36]

その条約を付託された連邦上院は速やかに批准のための承認を与えたので、日本から条約書を携行し太平洋経由で帰国したサラトガ号アダムス艦長（Commander Henry Allen Adams of the Saratoga）は、今度は米国の批准書を携行して日本に送達するため艦隊に帰還することとなり帰路は大西洋回り、かつ欧州から東アジア海域まで可能な範囲で陸路を使い一八五五年一月に香港で東インド艦隊に合流した。アダムスはその地からポーハタン号で下田に向かい、同年二月下田で幕府との間で批准書が交換され、「日米和親条約」が発効した。

ペリー提督自身は、本国の許可を得て東インド艦隊を離れ帰国し[37]、一八五五年一月ニューヨークに到着した。『ペリー日本遠征日記』では編集者の手になる「後奏曲」の項で「合衆国蒸気艦ミシシッピ号は、一八五五年四月二十三日にブルックリン（Brooklyn）の海軍工廠に到着した。その翌日ペリー提督は艦上に進み、提督旗をおろした。これが合衆国日本遠征の物語の最後を飾る行事であった」と結んでいる[38]。ペリーはその後同地で海軍を退官した。要するに、ペリーは自分の任務の成功裏の完了について、ワシントンに赴き、時のピアース大統領、国務・海軍両長官に直接面会して帰国報告を行うことはなかった。

日本の開国を他国に先駆けて達成したペリー提督の業績は、米国では高く賞賛され、特に連邦上院は一八五五年一月下旬、海軍長官に対しペリー提督の日本遠征の報告を上院に提出するよう求め、八月末ペリーが監修した報告書、『ペリー艦隊日本遠征記』が提出された。その後上院はこの報告を公刊することを決定し、歴史的資料となった。

日本遠征隊派遣事業をフィルモア政権から引き継いだピアース政権は、自らが主体的に取り組んだ事業ではなかったこのペリーの業績について、国内で大きな歓迎を用意したことはなく、むしろ連邦議会が積極的に喧伝した。ペリーの日本遠征はピアース政権との関係では政権発足当初より一体感の乏しいままに終わった。この結果、ペリーの業績は米国史上特筆されることが多いが、「日米和親条約」により開港が実現するという米国外交史上の画期的快挙が実現した時のピアース政権の業績とはならなかった。まして、日本開国政策を採用しながら自らの政策の結果を刈り取る前に退任したフィルモア大統領の業績としても認められることはなかった。

日本に遠征隊を派遣し、その結果開港という意味での日本の開国がもたらされたことに繋がるフィルモア大統領自身の役割はその後正当に評価されることのないまま米国史上忘れられた。

「カンサス・ネブラスカ法」

一八五二年の選挙では、南部を基盤とした民主党が、北部を基盤としたホイッグ党内の急進派と穏健派の対立から漁夫の利を得て政権に復帰した。ピアース政権の下で、政策の基本路線が大きく転換し、「一八五〇年の妥協」が崩れはじめ、八年後のリンカーンの当選が「最後の藁」、となって内戦（南北戦争）勃発に至ることになるが、その坂を下るがごとき対立の深刻化のきっかけは、たまたま「日米和親条約」締結と同じ一八五四年に成立した「カンサス・ネブラスカ法」であった。

この法律は、半世紀前の一八〇三年に「ルイジアナ購入（Louisiana Purchase）」と呼称されるミシシッピ川流域の広大な領土をフランスより購入し米国領となっていた地域で、未だ行政的に組織されていなかった領土を「カンサス属領」と「ネブラスカ属領」に編成し直し、両属領地域に、米国の他地域からの住民の入植が容易になるよう、受け皿を設け、これら属領地域の経済的発展を促す政策措置であった（図10-1参照）。この法案を一八五一年に提案したのは、イリノイ州選出民主党古参上院議員スティーブン・ダグラス（Stephen Arnold Douglas）であった。

ダグラス議員は、この法案推進に当たり、将来の大統領を目指すことを含めいくつかの思惑があったが、その一つには当時の内政上の大きな課題であった大陸横断鉄道の路線・拠点をめぐる招致合戦において、出身州であるイリノイ州のシカゴが拠点となる上で有利な条件をつくる布石であった[39]。しかし、この法律は当時の内政上の最大の争点であった奴隷制の拡大の是非に関連し、将来の「州」を目指す地域でその決定を「住民の意思に委ねる」こと、当時の言葉では「住民主権（popular sovereignty）」を定めたことが大きな問題となった。この住民主権構想は、属領の地に将来「州」が創設される際、奴隷制を容認する余地を少なくとも形式的には

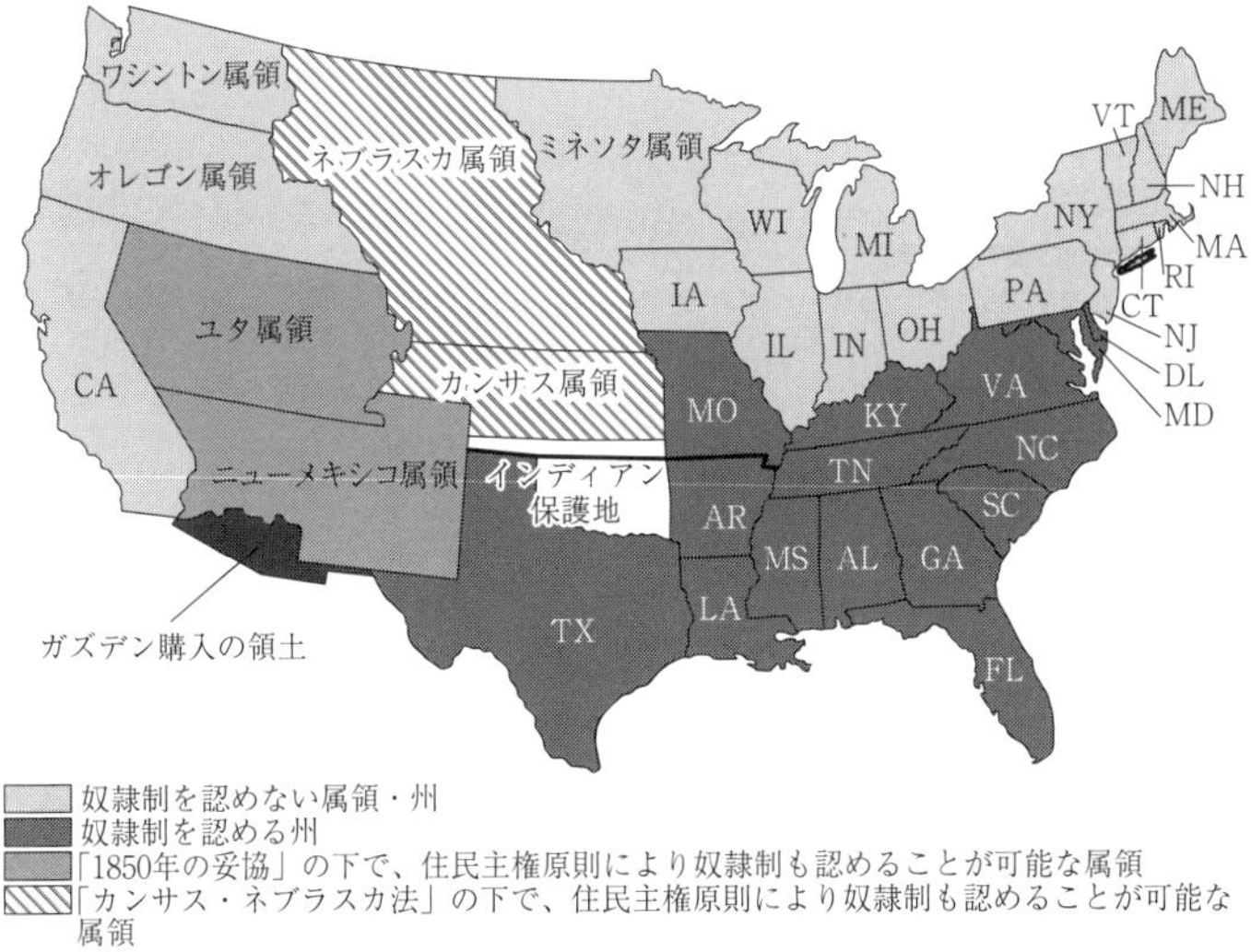

図10-1　「カンサス・ネブラスカ法」

1854年「カンサス・ネブラスカ法」で、「カンサス属領」「ネブラスカ属領」が編成され、かつ両属領では奴隷制を認めるかは住民意思に委ねられた。

出所：Blum, John M. et al. eds., *The National Experience: A History of the United States*, Hareot Brace & World, Inc., New York, 1963, p. 308の地図に基づき、筆者作成。

米国各州の略称

自由州		奴隷州	
CA	カリフォルニア州	AL	アラバマ州
IA	アイオワ州	AR	アーカンソー州
IL	イリノイ州	DL	デラウェア州
IN	インディアナ州	FL	フロリダ州
MA	マサチューセッツ州	GA	ジョージア州
ME	メイン州	KY	ケンタッキー州
MI	ミシガン州	LA	ルイジアナ州
NH	ニューハンプシャー州	MD	メリーランド州
NJ	ニュージャージー州	MO	モンタナ州
NY	ニューヨーク州	MS	ミシシッピ州
OH	オハイオ州	NC	ノースカロライナ州
PA	ペンシルバニア州	SC	サウスカロライナ州
RI	ロードアイランド州	TN	テネシー州
VT	ヴァーモント州	TX	テキサス州
WI	ウィスコンシン州	VA	ヴァージニア州
CT	コネティカット州		

許容することを意味した。立案者ダグラスは、これを南北両急進派の中間をいく妥協案とすることで、対立解消に貢献するとの考慮に基づきこれを推進したが、結果的には逆に対立を深刻化させた。

この法案はさらに深刻な問題を内包していた。住民主権概念をカンサス以北の属領に適用することは、理屈上は一八二〇年の「ミズーリの妥協」を構成する重要な合意事項を覆したことになったからである。一八二〇年の「妥協」では、「ルイジアナ購入」による新規獲得領土を南北に分け、北緯三十六度三十分以北には奴隷制を容認しないことで南北諸州間の対立を克服した経緯があった。南部勢力に基盤を持つ民主党は「カンサス・ネブラスカ法」について、「ミズーリの妥協」の上記の条件は、「一八五〇年の妥協」によって効力を失ったという強引な拡張解釈で、「カンサス・ネブラスカ法」を正当化した。これは「一八五〇年の妥協」では、対象地域の内自由州として認められたカリフォルニア以外のニューメキシコおよびユタ両属領については住民が奴隷制導入の是非を決める、いわゆる住民主権を容認することで妥協が成立していた[40]ので、「カンサス・ネブラスカ法」ではこれを敷衍し拡張的に解釈し、「住民主権」を問題打開のかぎとしての概念としたからである。しかし、奴隷制の拡大に反対の立場に基づけば、一八五〇年に対象とされたメキシコから獲得した新領土は、そもそも一八二〇年の「妥協」の対象領域（「ルイジアナ購入」により獲得した地域）の外であったので、一八二〇年の「妥協」と矛盾していないと考えた（しかもニューメキシコ、ユタ両属領は地形風土から大規模農園農業には適さないので、奴隷制にはなじまないとの認識も前提となっていた）。しかし、当時上下両院で多数を占めていた民主党は、この新たな拡張解釈を基に「カンザス・ネブラスカ法」を議会で採択した。

この法律が成立した結果、奴隷制の既存州以上の地域的拡大に反対し、あるいは、奴隷制そのものの廃止を主張してきた北部の政治勢力は激しく反発した。これに加えて、立法後にはカンサス属領地域に向けて、南部からの入植者と北部からの入植者が流入し、双方の間での住民の過半数を自分たちの支持者が確保するように入植競争が繰り広げられることとなった。そして、カンサスの現地では北部側入植者と南部側入植者の対立、暴力沙汰、武力衝突も起こる事態になった。こうして、「カンサス・ネブラスカ法」は南北間の妥協に資するという提案者の本来の意図を離れ、逆に「「一八五〇年逃亡奴隷法」がもたらした以上の反奴隷制感情を（北部において）引き起こした」[41]。

「共和党」の結成

一八五四年十一月のいわゆる中間選挙と言われる連邦議会選挙では、南北両極端の急進派と民主・ホイッグ両党双方に存在した連邦統一維持こそ至上命題とする穏健派という大きく分けて四通りの政治勢力間の対立が次第に高まった。特に、一八五二年の大統領選挙で敗れ政権を民主党に奪取されたホイッグ党は「カンサス・ネブラスカ法」の成立をきっかけに、奴隷制廃止をこれまで以上に強く主張する急進派と連邦統一維持を重視する穏健派の溝がますます深まり、中間選挙を目前にした党大会では分裂状態がほぼ修復不可能にもなった。ちょうどその頃、北部諸州の一部において奴隷制反対の立場を旗色鮮明にした政治勢力が結集してホイッグ党とは別個の新たな政党、「共和党（Republican Party）」を結成した。この党は、それまでの民主・ホイッグ両党が曲がりなりにも全国政党であり、党内に急進派と（連邦統一維持を最優先した）穏健派の両勢力を包含していたのに対し、北部の反奴隷勢力が結集した地域政党であったことが、その後の党派間の抗争に全く新たな力学をもたらすことになった。

第十一章　第十五代大統領ビュキャナンの四年間

フィルモアは一八五六年の大統領選挙に第三党から出馬・敗北し、政界から引退した。一八五七年三月に就任した民主党ビュキャナン大統領は、南部寄りの立場をとり、南北間の分断に拍車をかけた。

同じ頃、日米間では一八五六年夏下田に着任した米国領事タウンゼンド・ハリス（Townsend Harris）が幕府と交渉し、一八五八年に「日米修好通商条約（Treaty of Amity and Commerce Between the United States and the Empire of Japan）」が締結された。この条約の批准書交換のため幕府が派遣した「万延元年遣米使節団」は一八六〇年五月、ワシントンで大歓迎された。米国が南北戦争に突入する一年弱前であった。

第三党からの再挑戦

一八五四年五月に成立した「カンサス・ネブラスカ法」をきっかけに、北部で盛り上がった奴隷州拡大阻止、奴隷制廃止に向けた動きの高まりによって南北間の対立、あるいは政党内の分裂が深まり、「共和党」も誕生した。その中で、一八五六年十一月の大統領選挙に向けて政界再編の動きが起こった。

特にホイッグ党内部では五四年の中間選挙を境に、最有力大統領候補と目されたスワードを戴く急進派と元大統領のフィルモアの立場に同調する穏健派との対立は修復不可能となった。その結果急進派は、新興勢力であった「共和党」に合流した。

五六年の選挙を控え、ホイッグ党の穏健派は自らの立場を反映する新たな政治基盤を求め、その頃カトリック系移民を排斥する勢力が結成した「アメリカ党（American Party）」（一般的に「ノウ・ノッシング（Know-Nothing）」党と俗称でよばれた）[1]と合流し第三党として選挙に臨むこととなった。その際アメリカ党は、大統領候補として一八五三年に大統領を退任した後、政治の表に出ていなかったフィルモアを担ぎ出した。一八五二年の大統領選挙の際は党の指名を逃したフィルモアは、新党の擁立を受け入れ、正大統領候補としては初めての大統領選挙に臨んだ。

「共和党」では、事実上スワード上院議員が次の大統領候補と目されていたが、初めて本格的に大統領選挙に臨む際の党大会では、スワードはこれまでの主義主張から奴隷制廃止論者として旗色鮮明にしすぎており広範囲の支持獲得につながらないとされ、ジョン・チャールズ・フレモント（John Charles Fremont）が大統領候補に指名された。フレモントはもともと軍人で、米墨戦争の際カリフォルニア方面で活動したので知名度も高く、また、戦後カリフォルニアに定住し、一八五〇年にカリフォルニアが自由州として正式に連邦に編入された際、同州選出の初代上院議員を務めた経歴の持ち主であった。

これに対し、南部を基盤とする民主党は南部に有利な「カンサス・ネブラスカ法」を前提にした

図11-1　1856年大統領選挙における「アメリカ党」候補フィルモアの宣伝資料

フィルモアが1856年、「アメリカ党」より立候補した際に用いたパンフレット。大統領選挙以前にホイッグ党主流が共和党となり、第三党からの立候補となった。

出所：米国議会図書館HP（https://www.loc.gov/pictures/resource/pga.03523/）。

連邦統一支持の立場で党内を固め、大統領候補選びを行った。現職のピアース大統領は就任以来党内求心力を失い、指導力不足を党内から批判されていたので、彼を二期目に推す声もなく結局前回党大会でピアースに敗れた、経験豊富・知名度も高く、上院議員（ペンシルバニア州選出）、国務長官等の要職を経験してきたジェームズ・ビュキャナンを指名した。

ビュキャナンは前回党大会での指名選挙でピアースに敗れたので、ピアース大統領は政治任命として在英国公使の職で処遇した（一八五三年年八月－五六年三月在任）ので、米国内が「カンサス・ネブラスカ法」をめぐり南北対立が激化していた間の相当期間を英国ですごし、この論争について特段色がついていなかったことも指名獲得を有利にした。

一八五六年十一月の大統領選挙は党内結束を固め臨んだ民主党と、スワード系の急進的旧ホイッグ勢力が実力を握り正面から奴隷制反対を掲げた新興の「共和党」との争いとなった。フィルモアの「アメリカ党」はホイッグ党穏健派と反カトリック勢力が合体した新興第三党であり、党内統一も十分とれておらずかつ両極を拝した中間政治勢力であったので一般投票では全体の五分の一程度を獲得することができたが、大統領選挙人については南北間の「境界州」の一つメリーランド州で勝利しただけにとどまった。結局ビュキャナンが勝利し民主党の大統領が二代続くことになった。

フィルモアはこの選挙での敗北をもって政界から完全に引退し、出身地バッファロー市に戻り市民の敬意を受け、公の行事を司る役割等を務める等バッファローの「第一の市民」として扱われた。[2]

対立の激化

ビュキャナン大統領の在任四年間は、後任リンカーン大統領の就任のわずか一か月後に勃発した内戦（南北戦争）に向けて国論の南北分断が進行した期間であった。米国建国以来の最大の危機に向かった歴史的な流れを、一人の大統領の責任に帰すには無理があるがビュキャナンが南部寄りの姿勢をとりつづけたことや一貫性がなく指導力も欠如していたことなどが事態を収拾とは逆の方向に進めた一因であったことも否めない。彼を評して『史上、最悪の、大統領』と決めつけた歴史家もいるほどである。[3]

ビュキャナン大統領の南部寄りの姿勢を示した最初の事例が大統領就任二日後に連邦最高裁判所が下した「ドレッド・スコット事件」[4]の判決をめぐる彼の舞台裏の根回しであった。この判決は奴隷制の合憲性を明確にした結果、南北戦争をほぼ不可避にした、とも言われるほど深刻な影響を南北諸州間の関係に及ぼした。判決はドレッド・スコットという奴隷が主人の都合で一時北部の自由州に居住していたことをもって自らが自由人であることの確認を求めた訴えについてのものである。最高裁は訴えを却下し、ドレッド・スコットは自由人ではないこと、すなわち奴隷の身分であるとした結果、南部における奴隷制の合憲性を最高裁が確認する判決を下した。判決はさらに、当時政争の争点であった、一八二〇年の「ミズーリの妥協」が今や無効であることも判決した[5]。

　この判決は奴隷制をめぐる南北間の対立を激化させたが、ビュキャナンは判決が出される直前に行った大統領就任演説で、この判決がどうなるにせよ結果には忠実に従うと宣明し注目された。しかし、実のところ彼は民主党所属の次期大統領としての立場になってから、内々一部の最高裁判事に判決が望ましいものとなるよう働きかけていた。最高裁は九人の判事で構成されるが、当時はその内五人が南部出身であったので、判決の方向性は間違いないと思われた。しかし、ビュキャナンは最終的な判決が南部出身判事対北部出身判事の形で「票が割れる」ことを回避するべく、自らと同じ北部のペンシルバニア州出身の判事に工作し、その判事が多数意見に加わることになった。その効果もあり、結果として判決は七対二となり南北間の対立をそのまま反映するものとはならなかった。また、この判決は、当時国論が「カンサス・ネブラスカ法」の施行をめぐり南北間の対立が激化してゆく中で、一八二〇年の「ミズーリの妥協」が既に効力を失っているというお墨付きを付与する結果となった。ビュキャナン政権にとっては勝利であったが、南北間の溝を深め、分断を一層深刻化した。

ビュキャナン政権下で南北の対立を激化させたもう一つの要因が前政権から引き継いでいたカンサス属領における反奴隷制派と奴隷制拡大支持派の二つの勢力の争いであった。両勢力の入植者団の対立の中で生じたいわゆる「ルコンプトン憲法（Lecompton constitution）」の扱いをめぐる政権側の姿勢に一貫性がなく、指導性が欠如し、事態を悪化させた。ビュキャナン政権はカンサス属領における住民間の激しい対立を収拾すべく、一八五七年三月に、同属領に連邦政府の役人としての「知事（governor）」を任命し現地に派遣した。しかし、その知事が州憲法制定会議のための選挙を奴隷制支持派に依拠して行おうとしたので、奴隷制反対派がボイコットし、この帰結として同会議は奴隷制を容認する憲法を制定した。この会議が暫定的に首都とされたルコンプトンで開催されたので「ルコンプトン憲法」と呼称された。その後一八五八年夏には属領議会の選挙が行われ今度は反奴隷制派も参加したので、結果としてこの派が多数を占めることとなり、新議会は「ルコンプトン憲法」を再度住民投票にかけるべしとの判断を出し事態は混乱を極めることとなった。カンサス属領知事はこの事態打開のため連邦政府に憲法制定会議、議会選挙双方を白紙に戻しやり直しを認めるよう要請したが、ビュキャナンはこれを拒否した。この結果カンサス属領における奴隷制支持派の勢力の強化をもたらした。

一八五八年十一月の連邦議会「中間」選挙は、カンサス属領での奴隷制の是非をめぐる対立の激化という政治的雰囲気の中で行われた。その結果は、北部に基盤を持つ新党の共和党が下院で多数を獲得する進出ぶりを示したが、上院では民主党が依然過半数を保った（当時連邦上院議員は各州議会が選出する制度であったので、連邦上院議員候補は自らを支持する州議会議員候補の選出を働きかけた一種の間接選挙であった）。この選挙戦の過程でその後の米国政治を占う上で注目されたのが、イリノイ州の現職民主党上院議員ダグラスと現職に挑戦した共和党候補アブラハム・リンカーンとの数次に及ぶ遊説地での討論だった。ダグラスは「カンサス・ネブラスカ法」を推進した本人であるが、民主党に属しつつも北部出身として奴隷制をめぐる南北対立を克服し南北融和により連邦の統一を維持することを目標とした穏健派でありかつ雄弁な政治家として知られていた。挑戦者となったリンカーンは自力で勉学に励み弁護士となり連邦下院議員を一八四七年から四九年までの一期務めたことはあるものの、全国的には無名の新人政治家であった。彼は、当時は奴隷制の地域的拡大には反対ながら、南部の奴隷制の廃止までは主張していなかった。両候補の討論はそれぞれの立場表明が後々まで語り継がれた内容の濃い議論であった。選挙結果としてはダグラスの再選となったが、この論戦はリンカーンの名を広める効果も持ち、一八六〇年の大統領選挙に向けた共和党大会で彼が大統領候補に指名される上での重要な機会が与えられたものであった。[6]

一八六〇年大統領選挙とその帰結

一八六〇年五月中旬、共和党は大統領選挙での候補者指名の党大会をシカゴで開催した。四年前同様にスワードが最有力候補と目されていたが有力対抗候補者も台頭し複雑な候補選びとなった。しかし、この時も奴隷制廃止論を声高に唱えてきたスワードではその支持は急進派有権者に限られてしまうと見られその集票力が危され た結果、中央政界ではほとんど無名で指導性についても未知数であった、イリノイ州出身で二年前まで同州上院議員の一候補に過ぎなかったアブラハム・リンカーンが妥協候補として指名を受けた。

これに対し、民主党は連邦離脱も辞さないという急進派と、連邦統一を守るため妥協もやむなしとする穏健派に分裂し前者、「南部民主党（Southern Democrats）」は、ジョン・ブレケンリッジ（John Breckinridge）、後者、「北部民主党（Northern Democrats）」は、スティーブン・ダグラス上院議員を擁立した。もう一つ北部穏健派といくつかの境界州の立場を代表する「憲法連邦党（Constitutional Union Party）」がジョン・ベル（John Bell）を候補に指名、結局四人の大統領候補が争う選挙となった。

本選挙の結果、民主党の分裂もあり共和党のリンカーンが一般投票で得票率が過半数には至らず四割程度にとどまったものの、選挙人投票で他の三者の合計を五割も上回る約三分の二の票を獲得し第十六代大統領に当選した。翌年三月の就任までほぼ五か月あったがその間、南部急進勢力はリンカーン次期大統領を奴隷制廃止論者であると認識して、事態を深刻に受け止め、大統領としての正式就任までに連邦離脱を実施に移す行動に出た。先陣を切ったサウスカロライナ州の州議会は一八六〇年十二月二十日連邦離脱を宣言した。その後特に「深南部（Deep South）」と言われる奴隷制度存続にこだわる諸州が相次いで離脱を宣言し、これら諸州は一八六一年二月に「アメリカ連合国（the Confederate States of America）」の樹立を宣言し大統領・副大統領を選出した。

ハリスと日米外交関係樹立

一八五〇年代半ば以降、フィルモアは政界を引退し、ペリーは一八五八年にニューヨークで死去したので、いずれもが米国政治・日米関係の舞台から消えた。しかし、フィルモアが送り出した日本遠征隊によってペリーが実現した下田・函館の開港は、本格的な日米関係の発展にとっては端緒にしか過ぎず、真の意味での開国の実現は一八五〇年代の後半を待つ必要があった。

ペリーが締結した「日米和親条約」は一八五五年批准書交換により発効したが、日米両国はそれ以後この条約の基礎の上で関係をさらに発展させた。

当初日米間で和親条約第十一条の規定の解釈をめぐって相違があった。英文では日米一方の政府が必要と認めれば下田に領事を配置できるとの趣旨だったのに対し、和文は両国政府の合意があれば配置できるとしており、双方の合意を前提としていた。米側が自己の解釈を押し通し、幕府側が妥協した結果[7]、一八五六年八月タウンゼンド・ハリスが初代在下田米国領事として着任した。

ハリスが任命された背景としては、彼がニューヨーク州出身の民主党系であり、東アジアでの貿易に関わっていたので、日本赴任に関心を持ち、政治的つながり（ペリーや共和党のスワード・ニューヨーク選出連邦上院議員の推薦を含む）によって、ピアース政権から政治任用として、下田領事の任命を得た[8]。

彼は日本の「開港」という限定的な意味での「開国」から、日米間に国交を樹立し日本が国際社会の一員になるという真の開国を目標として幕府と交渉し、困難を経て一八五八年七月、神奈川港沖のポーハタン号上で「日米修好通商条約」を締結することに成功した。この「日米修好通商条約」は条約の規定により一八五九年七月四日に発動し、ハリスはそれまでの「領事」

としての地位から米国の元首によって日本の元首に派遣された「公使（Minister Resident of the United States to Japan）」に昇格し[9]、一八五九年七月に下田から江戸（麻布にある善福寺）に公使館（American Legation）を移設し米国元首の日本の元首に対する外交使節としての任務に移行し、日米間の正式な外交関係が樹立された[10]。

一八六一年一月には下田着任以来彼の右腕だったヘンリー・ヒュースケン（Henry Conrad Joannes Heusken）[11]が江戸で攘夷派の刺客に暗殺されるという悲劇にも遭遇した。当時米国につづき欧州の英仏露蘭の四国も米国同様の修好通商条約を締結しており、公館を江戸に置いていたことに対し、過激な攘夷派が外国人に危害を加える事件が多発した。ヒュースケン事件に対し欧州諸国は幕府に厳しい態度で圧力をかけた中で、ハリスは冷静かつ公平な態度で事態に対処した[12]。

ハリスは、その後本国で政権が交代しリンカーン大統領が就任（一八六一年三月）したことを受けて米国外交使節の慣例により辞表を提出し、一八六一年十一月付リンカーン大統領の将軍宛て親書（国務長官スワード副署）、すなわち外交使節としての「解任状」を提示して離任し、翌六二年五月に米国に帰着した[13]。

幕府は井伊大老の下で米国に次いで英・仏・蘭・露の四カ国とも友好通商条約を一八五八年

中に締結し、それぞれとの外交関係を樹立した。日本はこれをもって近代国際社会の一員としての国際法的基盤を確立したが、これらいわゆる「安政五条約」による公式の「開国」は、当時の幕府が勅許なきまま締結をしたとされたことを契機に、国内では尊王攘夷論が一層過激化し徐々に幕藩体制が動揺、やがて大政奉還から明治維新に繋がったことは周知の日本の近代の歴史である。

万延元年遣米使節団、米政府が大歓迎

「アメリカ合衆国」という連邦国家の将来を左右することになった一八六〇年の大統領選挙の半年前の五月、「日米修好通商条約」の規定にもとづき批准書交換のため幕府が派遣した、正使新見豊前守正興、副使村垣淡路守範正、「監察」小栗豊後守忠順の三人を使節とする遣米使節団がワシントンを訪問した。

幕府はこの使節団派遣に大そう力を入れ、正使・副使・「監察」は時の将軍家茂から大統領あての国書を托され、批准書を携行した。副使村垣はこの時の様子を「彦根中将（井伊大老）の（前に）……止興とをのれ（村垣）出れば、……（侍従より）御黒印御下知状を……渡され……忠順（小栗）にも同じく渡さる。又三人同じく出れば、米利堅の大統領へ遣さるる御国書

（原注、黒塗御函入）、御条約書（同上）、執政より、彼の国の外国事務ミニストル（官名）へ贈らるる書翰も……渡され……」と記している。[14]

総勢七十七名に上る大型使節団が編成され、米側の提供による東インド艦隊ポーハタン号で一八六〇年二月に出航し、太平洋を横断しサンフランシスコ、パナマ地峡、メキシコ湾経由で五月半ばワシントンに到着した（使節団一行の一部、勝海舟や福澤諭吉等が「咸臨丸」でサンフランシスコまで同行したことは歴史上有名な一齣である）。時の米国政府は、長年鎖国していた日本が初めて欧米諸国に派遣したこの公式使節団を大歓迎した（米国議会は日本からの使節団歓待のため五万ドルの予算を計上した）[15]。大統領表敬、批准書交換儀式、議会訪問、大統領主催大晩餐会などいわば国賓待遇であり、ワシントンの公式行事の後、さらに米政府負担で地方各地の視察することを勧められ、一行はフィラデルフィアとニューヨークを訪問したが、両都市でも大歓迎を受けた。

遣米使節はまず五月十七日にホワイトハウスでビュキャナン大統領を表敬し「国書」を渡した（その時の様子を米側が描いた絵が残っているが（図11-2）、烏帽子をかぶった三人が国書を用意してビュキャナンの前でうやうやしくお辞儀している）。

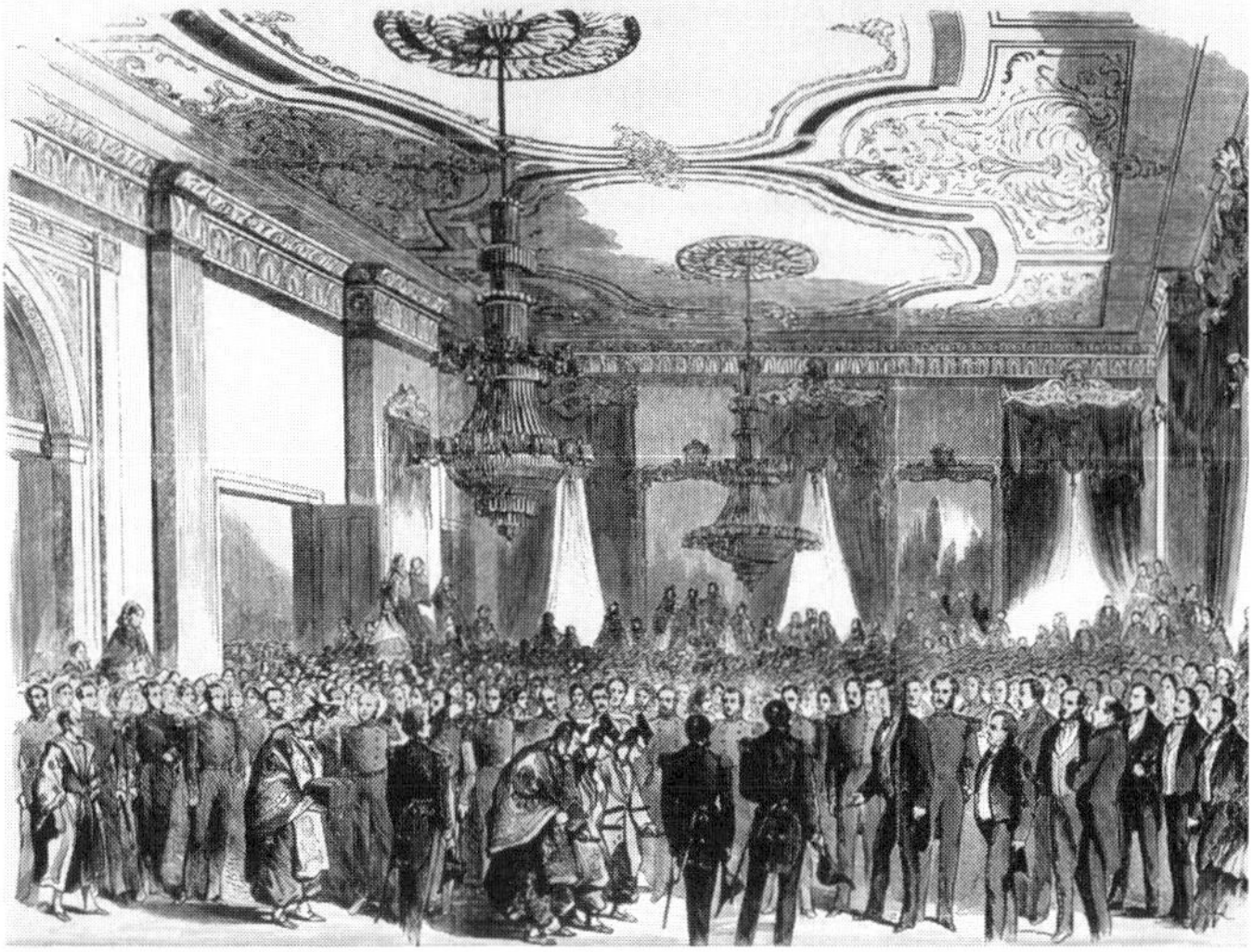

図11-2　万延元年遣米使節団のビュキャナン大統領表敬（1860年５月）

日米友好通商条約批准書を帯同した使節団は、５月17日にビュキャナン大統領にホワイトハウスで表敬した。

提供：ホワイトハウス資料館。米国議会図書館HP（https://library.whitehousehistory.org/fotoweb/archives/5017-Digital-Library/Main%20Index/Events/1304.tif.info）で公開されている。

この場面は、『万延元年第一遣米使節日記（中の巻）』で次の通り記されている。

閏三月廿八日　陰　十二時に大統領の謁見なれば、けふをはれと、とり〴〵支度せしが、豊前守正興狩衣……をのれ同じく……忠順（鞘巻太刀各烏帽子は萌黄の組掛糸……）……やがてジユポント、リイ左右に附添、謁見の席へ案内す、成瀬正典国書を持たり……席の入口に至れば、両開戸を明たり、むかふへ五六間横十二三間もあるべき席の正面に、大統領（フレシテントといふ名はブカナン）左右に文武の官人夥敷、後には婦人あまた、……正興、をのれ、忠順一同に席に入、一礼して中央に至り、また一礼して、大統領の前に近く進み、……成瀬正典御国書を持出しければ、正興御書をとり出し大統領へ手渡し……。[16]

その後二十二日に国務省で批准書交換を行った。これをもって日本と米国との国交が名実ともに樹立された[17]。

この使節団は批准書交換の翌日、五月二十三日（『日記』では旧暦四月四日）、「コンゲレス館」（連邦議事堂）を視察した。一行が訪れた当日の上院本会議場には、「凡四五十人も並居て、其中一人立て大音声に罵、手真似などして狂人の如し」さらに、「大音に罵るさま、副頭領《（ママ）》の高き所に居る体抔、我日本橋の魚市のさまによく似たりと、ひそかに語合たり」と記録している[18]。

一行は米側の大歓迎の中で多くの未曽有の経験をしたが、連邦議会でも上院議員それぞれの演説を通じる討論に驚いた様子が「狂人のごとし」とか「日本橋の魚市」の喩などによく表れている。使節団は議場での状況を米側案内役に何事かと尋ねたが、先方は「国事は衆議し、各意中をのこさず建白せしを、副統領聞きて決する」と言ったものの、一行としては要領が得ないまま議場を後にした。

使節団は、当時の米国政情、特に連邦議会が当面していた国論の深刻な分断を十分認識しないまま議場視察を終えたが、米国の連邦議会議事録によれば、当日の議場で上院議員達が傍目には「狂人の如く」熱弁をふるっていた理由はまさに「属領」から「州」に昇格する際、奴隷制を許容するか否かの手続きを巡り連邦憲法上、「州」の主権者である住民の意向で決められるべきであるとの南部諸州の立場を主張するものが中心であった。前日の上院本会議討論も激しい討論が展開された。[19] 議長が議場の混乱を収めようとしている言及も記録に残っている。[20]

この議論はその年の年央に開催された各党の党大会でも十一月の大統領選挙に臨む際の核心的争点であった。遣米視察団が議場を訪れた日の数日前に、共和党大会でリンカーンが秋の大統領選挙の候補に指名された一方で、民主党が大統領候補指名を巡り分裂状態に陥っていた最中であった。五月二十三日の審議の中で、テキサス州選出ルイス・ウィグフォール（Louis Wigfall）上院議員が長時間に及ぶ発言を行い、共和党批判のみならず、民主党分裂状態を踏まえ同じ民主党の穏健派ダグラスに厳しい批判を行ったが、その際「もし、（十一月の選挙で）共和党候補が勝利すれば連邦分裂（disunion）は不可避である。（共和党）大統領が就任することはあっても……彼が全三十三州にとっての大統領となることはあり得ない」とも断言している。[21]

このように政情風雲急を告げていたワシントンの政界、特に各州の代表が討議する連邦上院、あるいは大統領主催宴会で一行を歓迎した社交界にとって、日本の侍一行による使節団は、寸時の興を誘う出来事に過ぎなかった。ちなみに五月二十二日下院本会議閉会を宣言する前に議長が、遣米使節団接遇の担当となっていたデュポン海軍長官からの伝言として、日本からの「殿下たち（princes）」が来たる金曜日（二十五日）と土曜日（二十六日）宿舎のウィラード・ホテル（The Willard Hotel）で、下院議員と家族の表敬を受ける旨の案内を本会議出席者に伝達したことが議事録に記載されている。[22] このことは、遣米使節団の「日記」の「四月六日 朝 今朝コンゲレスの吏人等男女数百人群集して面会を乞ければ、例の如く一礼して返しやりぬ」「四月七日 晴午後雷雨 けふもコンゲレス館の吏人ども男女数百人来り例の通り面会」とあることと、陰暦と陽暦の違いを踏まえれば、符合している。

内戦直前の年次教書で遣米使節に言及

日本からの使節団のワシントン訪問については、この年の十二月初めにビュキャナン大統領が議会に提出した彼として四回目にして最後の「年次教書」[23] の外交活動報告の部分において言及され、「日米修好通商条約」の批准書交換が日本からの使節の来訪によってワシントンで行われたことについて、「(批准書交換の目的で) 大君 (Tycoon) は、三人の高位の臣下を特命全権として委任したが、彼らは米国の国民及び政府によって際立った敬意と温かい厚情をもって歓迎された」と極めて積極的な言辞をもって報告している。[24]

しかし、このビュキャナン大統領の一八六〇年の「年次教書」は、日米外交関係樹立への言及で歴史に残ったのではない。この十二月の初旬の時点でビュキャナンは、自分の後任が奴隷制度廃止論者と目されていた共和党のリンカーンであることが十一月の選挙結果で決まっており、さらに自分の属する民主党の基盤である南部ではリンカーンを大統領として戴くことを忌避するべく、サウスカロライナ州を筆頭に複数の深南部の州が連邦離脱宣言を用意していることを承知していた。そのような国家存亡の危機を目前にしたビュキャナンはこの「年次教書」で連邦崩壊を何としても防ぐべく、まだ回避が可能であると切々と説いたのであった。

ビュキャナン大統領は民主党政権を率いていたので、その立場は南部諸州の連邦離脱については再考を求めつつも、事態が連邦崩壊までに至った原因について、北部が憲法上容認された南部の奴隷制に対し過激な廃止論を煽ったせいであるとして、北部にこそ南部への理解・宥和を求める論旨であった。これは、大統領選挙に勝利し勢いに乗る共和党には説得的ではなかった。

終章　「最も偉大な大統領」リンカーンと「忘れられた」フィルモア

一八六一年三月リンカーンは大統領に就任するや直ちに、南部諸州の連邦離脱、「アメリカ連合国」建国宣言という「反乱」に対処し、「連邦」（当時はthe Unionと自称した）を擁護する必要に当面した。両勢力のにらみあいが続く中、リンカーン大統領就任の翌四月、既に連邦離脱を「実行」していたサウスカロライナ州軍が州の主要港チャールストンの湾口にある連邦軍の城砦を砲撃したことで南北間の武力衝突が現実となった。

南北間の内戦は北部を中核とする「連邦」の軍隊と南部奴隷州より構成される「アメリカ連合国」を名乗った「反乱軍」との四年間にわたる凄惨な殺し合いとなり、ようやく四年目も終わりに近づくにつれ北部側に戦況が有利になり、リンカーン大統領が二期目に入って一か月後の四月、南軍きっての将軍と目されたリー将軍が連邦（北）軍総司令官グラント将軍に降伏したことで事実上終結した。

内戦の最大の争点となった奴隷制問題については、まず一八六三年のリンカーン大統領による「奴隷解放宣言（The Emancipation Proclamation）」、そして本格的にはリンカーンが一八六四年二月に議会提案を推進した憲法修正第十三条が、暗殺前の六五年一月に議会で採択され、暗殺後の十二月に所要の数の州での批准が終わり成立したことによって、修正前の憲法では明示は避けつつも容認され矛盾として内包されていた奴隷制が廃止された（憲法修正第十三条の主要条項は、第九章一九〇頁注6で引用）。ここに建国以来米国を分断し揺るがしてきた問題に一応の終止符が打たれた。

歴史が許さなかったリンカーン批判

フィルモア「元」大統領は、国政から身を引いており、南北戦争の最中、戦争をめぐって公の場で政治的発言を行うことはほとんどなかった。ただ、連邦統一維持こそ米国にとっての最優先課題であるとの信念は変わらず、南北戦争は回避されるべきであったと内心考えていた。

その彼が、一八六四年二月に戦況が「連邦政府」にとって必ずしもはかばかしくなく北部市民の間で厭戦気分も高まる中で、それまでの沈黙を破る形で、戦争は不必要で回避されるべきであったことを公に述べ、リンカーン政権の戦争運営を正面から批判し、南部には寛容な態度で臨み連邦を再び統一するべきことを主張した。この結果政権側の不興をかったのみならず、各地の共和党系戦争支持勢力から厳しい非難をうけた。そして、共和党政権とフィルモアとの距離は広がるばかりとなった。[1] さらに、内戦の最中行われた一八六四年十一月の大統領選挙に際し、フィルモアは二期目を目指すリンカーンではなく「民主党」の候補ジョージ・マクレラン将軍（George Brinton McClellan）[2]に対する支持を公に表明した。同将軍は知将との誉れ高くリンカーンに連邦（北）軍総司令官に取り立てられたものの、やがて戦争遂行の方針をめぐり最高司令官たる大統領から解任された経緯のある軍人であった。フィルモアがリンカーン政権と対立する「民主党」の大統領候補マクレランを支持したので、スワードなどの政権指導部は、その昔ホイッグ党で同じ釜の飯を食ったフィルモアに対し、南部との国家の命運をかけた戦争の最中に連邦政府に楯突いた、許しがたい者として厳しく批判した。[3] その後リンカーンの指導よろしく、「連邦」が南部に勝利し、米国の歴史が大きく転換した結果、フィルモアはその歴史の流れに逆らった「過去の人」として忘却されていった。

一八六五年三月のリンカーン大統領二期目の就任演説は勝利を目前としつつ戦後の南北間の和解を目指し南部諸州に寛大な心で接すること（"With malice toward none"）を説いたことで歴史に残るものであった。[4]

しかし、そのリンカーンはリー将軍降伏の数日後ワシントンで暗殺（四月十四日）されてしまい、彼の下での戦後和解、連邦の再建が行われることはなかった。

副大統領から第十七代大統領に昇格したアレクサンダー・ジョンソン（Alexander Johnson）は前年の大統領選挙で、共和党への支持層を広めるためにリンカーンと組んだテネシー州出身の穏健派であったが、議会の共和党急進派はリンカーン暗殺への反動もあって、敗北した反乱者たる南部諸州の戦後処理の在り方について、南部の「再建（Reconstruction）」との名目で南部諸州を軍事占領下に置き、戦争関与者の排除、解放された黒人の政治参加を住民の意思を無視する形で進めた。この共和党急進勢力は、強硬政策に慎重なジョンソン大統領と対立を重ね、最後には大統領の弾劾を提起する始末であった（下院の弾劾決議により上院での弾劾裁判が行われ、一票差で辛うじて罷免されずに済んだ。穏健派に属した副大統領から昇格した大統領に対し、急進派が激しく批判したこの時の事態は、フィルモアの経験を彷彿とさせるものがある）。

リンカーン亡き後、政権を担ったスワード

リンカーン亡き後の共和党政権を実質的に動かしたのはリンカーンの一期目から国務長官という最重要閣僚に任命されていたスワードであった。スワードもリンカーン暗殺団による政権

中枢の一斉暗殺計画の対象になっており、リンカーン銃撃と同時刻に暗殺団の一員たる刺客に瀕死の重傷を負わされたがその後奇跡的に快復し、以後事実上政権の指導的地位に就いた。

かくして、一八三〇年代から、最初は共にホイッグ党員としてニューヨーク州政界で、その後は中央政界で、長年にわたり政治的競争相手であったフィルモアとスワード、一方は図らずも大統領になったフィルモア、他方は大統領の呼び声高いまま、最後の機会にはリンカーンに先を越され、国務長官どまりだったスワード、二人は南北戦争の際の立場の違い、特に奴隷制廃止の実現での功績の違いによって、米国史上の評価が完全に別れてしまった。

スワードは奴隷制廃止を早くから主張し、奴隷制が憲法によって容認されているとの主張に対しては、「憲法より高位の法」があるとの立場に立ち、最後にリンカーンとともに南部諸州「連合国」を事実上の無条件降伏に追い込み、奴隷制廃止を実現して初志を貫徹した政治指導者として歴史に名を残した。

フィルモアは、大統領であった時を含め、終始建国時の憲法の厳格なる遵守による連邦統一の維持を主張し続けたので、結局南北戦争を通じる北部の勝利、南部の奴隷制廃止の実現と言う歴史の進展を遅らせた大統領として厳しく批判され、歴代大統領の中でも評価の極めて低い一人となり、人々から忘れられたと言っても同然であった。その結果、フィルモアの日本開国に当たっての功績も歴史から忘れ去られてしまった。

むすびに代えて——フィルモアによる日本開国の功績

フィルモアの大統領としての内外政策と退任後の政治姿勢を、「南北戦争」によって奴隷制が廃止されて後の視点でふり返れば、政治家フィルモアは結果的には米国史の流れに逆らったことになり、スワードが「憲法より高位の法」という理念で奴隷制の非を主張しつづけ、さらに、リンカーンの右腕として、あるいは大統領の暗殺後米国政治史上「再建期」と言われる時期に共和党政権を実質的に指導し、後世から高い評価を受けた。こうして、両者の間では歴史的評価に雲泥の差がつき、フィルモアは米国史上忘れ去られた大統領となってしまった。

米国政治史上のフィルモア大統領については、彼が実現した「一八五〇年の妥協」を含め批判的な評価が多い[5]。しかし、フィルモアについて、南北戦争後の視点に立つ評価でなく、彼が大統領になって直面した事態の観点から評価するのであれば、「一八五〇年の妥協」が南北戦争を十年間先送りした結果、北部諸州よりなる「連邦（Union）」にとり社会の体力、結束力及び技術力が成長するための十年間という時間を与えたので、やがて直面せざるを得なかった究極の挑戦（南部諸州との戦争）にさらに効果的に備えることができたのであった、という指摘[6]

は十分説得的である（序章四節「フィルモアによる「妥協」の功績」参照）。

本書では、フィルモアの米国政治史上の評価は主たる関心対象ではなく、その評価を横に置きフィルモアが日本開国政策を推進できた米国の内政事情を見ることが主眼であった。フィルモア大統領は、「一八五〇年の妥協」を達成し、その成果として「カリフォルニア州」の「自由州」としての連邦編入が一八五〇年九月に実現した。これによって、「アメリカ合衆国」という連邦国家が地理的に拡大し、いわば「国家の形」が建国当初に比べ地理的のみならず質的に変化した。この結果、太平洋岸に置かれた連邦の一角をなす「州」からみて、太平洋の反対側にあり、太平洋航路上の途中に位置する日本について、その開国を求める政策を採用したことは、フィルモア自身がその政策の成果を刈り取る前に任期を終え、政権を離れざるを得なかったとしても、歴史的な事実である。ミラード・フィルモアこそが、日本の開国を求める米国の政策を主導し推進した。まさに、日本開国の原点にいた大統領であったのでありその功績は日米関係の歴史において忘れることはできない。

後日譚　フィルモアを忘れなかった明治政府「岩倉欧米使節団」

米国が奴隷制を廃止し、南部諸州に駐屯していた連邦軍も順次撤退し、南北戦争の深い傷が表面的には克服されつつあった頃、フィルモア「元」大統領は出身地のバッファロー市で引退生活を送っていた。政治家としては既に忘れられた存在と言える状態であったが、地元では「第一市民」とされ敬意が払われていた。

この頃、日本でも幕末維新の激動が終わっており、明治新政権は成立四年目にして欧米諸国との間で、「安政の不平等条約」の改定交渉に乗り出し、一八七一年十二月から七三年九月までの間、岩倉具視特命全権大使以下の「岩倉使節団」、一行総勢百五十人にも上る大代表団を欧米に派遣した。

使節団がまず向かったのは太平洋を挟む隣国米国であり、サンフランシスコからは開通してまだ五年目の大陸横断鉄道でワシントンに至った（これは、十二年前の一八六〇年、万延元年の遣米使節団がサンフランシスコから船でパナマ地峡、そこを鉄道で渡り、再び船でワシントトンに着いた経路とは様変わりしていた）。使節団の本来の目的は、米政府に対し、「日米修好通商条約」を平等な条約にするための改正交渉に入ることであった。しかしワシントンに着いた使節団は米国側から、使節が日本の元首たる天皇からの信任状を持っていないことが指摘された。その結果、一行は大久保利通、伊藤博文の両副使を急遽信任状を取りに一旦帰国させた。二人が信任状をもって戻り、交渉に入ることができたのは三か月近くも後であったものの両副使が戻ってはじめた交渉は不調で、一行は早めに交渉を打ち切り、東部大都市を視察後英国に向かった。この交渉開始を待機していた間、使節団は米側の招待により約二週間ニューヨーク市、ウェストポイント等を視察し、その際ニューヨーク州の北西部にあるナイアガラ瀑布をも見物した[1]。

ナイアガラ瀑布は、その名の通りの「ナイアガラ・フォールス」という町にあるが、そこは、フィルモア「元」大統領の地元、バッファロー市から汽車で三十キロ程度の行程であった。

明治政府は、日本の開国・明治維新という日本の近代化の歩みの起点は、フィルモアの親書であったことを忘れていなかった。岩倉具視特命全権大使一行の「欧米使節団」はナイアガラの滝を視察した六月十四日の晩、ナイアガラ・フォールスの宿舎でフィルモア元大統領に晩餐を供し歓待した。その翌日、バッファロー市地元新聞「バッファロー・コマーシャル」は日本からの使節が、「昨晩六時よりフィルモア元大統領を賓客として晩餐に招いた。元大統領は（バッファローから）午後の列車でナイアガラ・フォールスに向かった」と報道し、また、十七日付「バッファロー・モーニング・エクスプレス」は一行の次の宿泊地のサラトガ発十六日付に「ナイアガラ・フォールスでのフィルモア元大統領の（使節団）一行との晩餐は、ペリー提督の日本への遠征隊はフィルモア政権によって派遣された経緯もあって、極めて心地よいものであった」と報じている。[2]（なお、一行がサラトガに赴いたのは同地でスワード元国務長官に会うためであったが、その会見は実現しなかった。）

The Japanese At Saratoga.

SARATOGA, June 16.—The Japanese Embassy arrived here last evening under the charge of Gen. Meyers. The Embassy are quartered at the Grand Union Hotel, and will proceed to Boston on Monday morning. Great attention is shown them here, and they are the centre of observation. At Niagara Falls Friday evening ex-President Fillmore dined with the party. The meeting was extremely pleasant, owing to the fact that Commodore Perry's expedition to Japan was sent out during Mr. Fillmore's administration. Ex-Secretary Seward was invited, but could not be present.

図後-1　岩倉欧米使節団がフィルモアを饗応したことを伝える記事

岩倉欧米使節団が「金曜日（6月14日）」にナイアガラフォールス市で、ペリーを日本に派遣したフィルモア元大統領を饗応したことをバッファロー市の地元新聞が報じた。

出所：「バッファロー・モーニング・エクスプレス」紙（1872年6月17日付）、バッファロー歴史博物館図書館所蔵。

岩倉使節団の記録を担当した久米邦武の残した『特命全権大使　米欧回覧実記』第十五巻「北部巡覧の記　中」明治四年五月九日（西暦六月十四日）の日記は次の言葉で締めくくられている。

「此夕元ノ大統領「フィルモア」氏ヲ招キ、旅館ニテ夕饌ヲ供シ款待ス、嘉永癸丑ノ歳ニ大統領ヲ勤メ、初メテ「ペルリ」氏ヲ我邦に遣シタル人ナリ、本年七十三歳ナレトモ猶矍鑠ナリ[3]」。

あとがき

構想から出版までおよそ五年かかってしまった。

約一年前、最初の原稿を一読した編集者から数多くの指摘があったが、その一つにこの本の主題の今日的意義を語ることを薦められた。自分は、今日的意義はそれなりにあることに気づいていたが、フィルモア大統領の日本開国における役割について客観的に把握することのみを自分の作業の目的と思っていたので、特に反応はしなかった。

しかし、それから一年たった今日、米国国内では深刻な政治的「分断」が一層深まり、最近では「南北戦争に先立つ分断以来最も深刻」という評価も見られるようになっている。この本の主題はまさに「南北戦争に先立つ」一八五〇年代の米国の激動の政治を取り上げている。ただし、当時の分断がなぜ内戦にまで進んだかについて正面から取り上げているわけではないものの、フィルモアの評価の重要な背景をなしている。つまり、うかうかしているうちに、昨今の米国の現実政治がこの本に今日的意義を与える結果になってしまった。これは全くの偶然である。

二月四日、トランプ大統領が恒例の「一般教書演説」を行った。終了直後に民主党のペロシ下院議長が、大統領から渡されていた演説原稿をこれ見よがしに破いたことは、分断の深刻さを強調した。この「一般教書」は、大統領の憲法上の義務である議会に対する年次報告であり、まさに、米国が日本への遠征隊派遣に初めて言及したフィルモアの一八五二年の「年次教書」と同じ性格のものである。長らく文書で提出していたところ二〇世紀初めに大統領が議場に出向いて演説することが慣行になり今日に至っている。一八五〇年代から一八六〇年にかけての激動期には、毎年の大統領議会提出「年次教書」もその年の政治社会の分断を色濃く反映していたことは本論で述べたところである。

そもそもこの本が世に出ることができたのには、無限に近い大勢の方々の直接間接の貢献によると言える。すべての方の名を挙げて謝意を表すことは不可能であるので、心の中で感謝申し上げていることをご理解いただきたい。

ただし、その中で直接の役割を果たした方々にはことのほかお世話になったので特筆したい。まず、「日本経済評論社」という出版社を紹介の労をとって下さった、大学時代のクラスメートで日本経済史研究者である、奈倉文二先生には深くお礼したい。東京大学大学院博士課程修了者であり茨城大学および獨協大学名誉教授である彼に、原稿がそれなりにまとまったので、出版社を紹介してもらえないかと気楽に打診したところ、自身の著書を何冊も出版してきた「日本経済評論社」を紹介して下さった。そして出版社は、奈倉先生との長い縁の故に、全く素人の原稿を会社の企画に乗せるという望外の対応をして下さった。ここまでくることができたのも一重に奈倉先生のお陰であり深く感謝申し上げる。

この出版社の方々は、奈倉先生との縁で一応出版に取り組むことに応じたものの、筆者の最初の原稿には内心驚いたのではなかったか。まったく不十分な草案に対し、当初は新井由紀子さんからご指摘を賜り、次いで中村裕太さんから、一年近くにわたり、数々の鋭いご指摘を激励としていただき、それにこたえているうちに、当初に比べ五割増しの量になってしまった。さらにゲラの校正の段階での中村さんの細部に及ぶ心配りには、書物を公刊することの責任の重さを改めて認識させられた。素人を相手にして苦労を重ねた新井さんと中村さんには、敬意の念をもって特に深く頭を下げたい。

ところで、米国史を学問として勉強したこともない一日本人の無謀な試みである本書の内容がいささかなりとも豊かになったのは、多くの米国の方々の協力に負うところが大きく、支援をしていただいた方々に深くお礼をしたい。日本にいながら原典を求めて米国の各種の資料館に当たったが、いずれの場合にも、外国の素人からの突然の照会に実によく助けていただいた。

例えば、最初のころ、ペリーを派遣したフィルモア大統領とはどんな大統領だったか、との単純な疑問を一段と深く掘り下げることになったきっかけは、バッファローにある歴史博物館図書館の協力であった。まず、手掛かりにフィルモアの伝記から始めようと、検索して最初に目に触れたレイバックによる伝記を入手し読んでいたところ、その三一五頁にフィルモアとウェブスターが日本のことを知らなかったので在オランダ米国公使がオランダ外務省の資料に当たった、との趣旨が書いてあった。その記述についての脚注五二には、Folsom to Fillmore, December 30, 1851, Fillmore Collection とのみ記載されていた。フォルサムとは、当時の駐オランダ公使だったが、著者の外交官としての個人的経験から、そもそも在外の公使（今でいえば大使）が大統領に国務省を通じての報告ではなく、直接私信を送り、現地事情を報告したというのは不思議だった。そこで、Fillmore Collection を所蔵しているところが Buffalo Historical Society にあるとされていたのを追跡し、バッファロー歴史博物館図書館にたどり着き、そこにメールを送り、照会した。結局大変親切にマイクロフィルムに保存されていた一件資料からこの私信を探して送ってくれた。それは手書きだったので判読に苦労したが、最後にはワープロ打ちにした一文をバッファローの図書館の担当者に間違いがないか確認を依頼すると快く見てくれた。この私信によって、フィルモアが日本に遠征隊を送る際にオランダに外交的に働きかけていた背景に、大統領と在オランダ公使との個人的関係あることが明らかになった。

日本では当時の日米関係、あるいは日蘭関係についての研究は多いが、日本遠征隊派遣を巡る米蘭関係については取り上げられたことはあまりないようである。ペリー自身がその帰国後の報告書でオランダの役割を極めて批判的に書き記したことが影響しているのかもしれない。しかしフィルモア政権は、ペリーとは一線を画し、オランダの協力を積極的に仰ぎオランダも前向きに答えたことは、本文に書いたようにフィルモアの一八五二年の年次教書、同年のオランダ国王の議会での演説から明らかであった。当時の米蘭間の外交的やり取りを見ることで、ペリーの日本遠征を言わば「立体的」に把握することが出来た。

さらに原稿もまとまりつつあり挿絵を探している中で今回表紙に使っている、一八五〇年年初の上院議場でフィルモア議長（副大統領）がクレイ議員による「一八五〇年の妥協」の当初案を上程し説明するところを見守っている場面の絵を見つけ、米国上院の担当部署に出版の際に使用したいと要請した。すると折り返し、本書での使用を許可するとの立派な書簡をいただいた。その対応の素早さ、前向きなことに感激した。また、一八六〇年五月、万延元年の遣米使節がホワイトハウスでビュキャナン大統領に謁見した際の米側の絵の使用をホワイトハウス資料部にメールで照会すると、この原画は連邦議会図書館であり、もはや公の資料であるので、提供先を言及してくれれば出版物に使用してよいとし、さらに親切にも、解像度の優れた版も費用二十五ドルで入手可能と教えてくれた。

「後日譚」で明らかにした、明治政府の岩倉欧米使節団が一八七二年フィルモア元大統領を饗応した時の現地報道ぶりについては、再びバッファロー歴史博物館図書館が多くの史料を提供してくれた。もしかなうことなら、一度バッファローまで足を運びお礼をしたいと思っている。


最後に、一言。フィルモアの日本開国における役割を書き残すことにしたのは、そもそも日米関係の節目をその時々の米国政治史の中の見ておきたいという一般的な問題意識が、たまたまこの大統領による日本開国という課題で具体化されたにすぎない。

この一般的な関心は、子供の時にアメリカ人の友達を持ち、学生として米国の大学に留学し、社会人としての仕事でも日米関係に係ることが多かったことから、現役から卒業するに際し、自分の「ものの見方」による米国史、日米関係史の一側面をまとめておきたかったからであった。

ここで言う筆者の「ものの見方」は、喜寿を過ぎたこれまでの人生の中で、多くの友人、知人、さらには名前も知らずに終わった人との出会いを含めて、自分に多くを与えてもらい、多くを学んできた事物の集大成である。したがって、これまで出会ったすべての人たちがいなければ今の自分はいないので、すべての方への感謝を述べておきたい。

洋之、陽介、雄飛、の三人の息子たちも、四〇年前後その成長を見守ってきたが、大分前からそれぞれ独立している。育っていく過程で親として彼らから学ぶことも多かったし、今でもそうだ。立派な大人になった三人にも感謝している。

そして、五十年近く一緒に生きてきた生涯の伴侶こそ自分にとって最も重要な存在である。妻は、英米文化圏で育ったこともあってか、人のためになることを心がけて一生懸命に生きている人で、最近では二十年以上臨床心理士として異文化の下で人々が抱える問題を含め、多くの人の心の問題に接してきている。大変重い仕事であるが、彼女にとっては一種の天職のようである。彼女なくして今日の自分も、「ものの見方」もない。この彼女の存在、支援なくしてはあり得なかったこの小品を、敬意と感謝と愛情を込めて、妻に捧げる。

二〇二〇年四月七日

新型コロナウィルス対処のため「非常事態宣言」が出された日
「疎開」先の北軽井沢の山荘にて
大島正太郎

関連年表

年・月	ミラード・フィルモアの生涯	米国の内政外交・国際情勢	日本の対外関係
一七七六七		独立宣言	
一七八三		パリ条約。英国、米国独立承認	
一七八八・六		アメリカ合衆国憲法成立	
一七八九		初代大統領ワシントン就任	
一八〇〇・一	フィルモア家丸木小屋で長男ミラード誕生		
一八〇三		ルイジアナ属領、仏より購入	
一八一五	洋装店徒弟		
一八二〇		「ミズーリの妥協」	
一八二二	学校教師、弁護士事務所雇	メキシコ、スペインより独立	
一八二三	弁護士資格取得		
一八二五			幕府、異国船打払令
一八二六・二	アビゲール・パワーズと結婚		
一八二八・十一	NY州下院議員当選（アンチ・メイソン党）		
一八二九・三		ジャクソン第七代大統領就任	

・十一	NY州下院議員再選（アンチ・メイソン党）		
一八三〇・十一	NY州下院議員三選（アンチ・メイソン党）		
一八三二・四	クレイ・フィルモア法律事務所設立		
・十一	第二十三議会連邦下院議員当選（アンチ・メイソン党）		
一八三三		米・「シャム」修好通商条約	
一八三四	ホイッグ党結成に参加	タイ（シャム）と交渉したロバーツ、日本との交渉権限保持	
	フィルモア・ホール法律事務所設立		
・十一	ホイッグ党下院議員候補辞退		
一八三六		テキサス、メキシコより独立宣言	
・十一	第二十五議会下院議員当選（ホイッグ党）		
一八三七・三		ヴァン・ビューレン第八代大統領就任	
・七			モリソン号浦賀来航
一八三八・十一	第二十六議会下院議員当選		
一八四〇・十一	第二十七議会下院議員当選		
一八四一・三		ハリソン第九代大統領就任（ホイッグ党）	
・四		タイラー第十代大統領就任（副大統領から昇格）	

・十二	第二十七議会下院歳入委員長		
一八四二		四二年関税法	
・八		英・「清」 南京条約（香港割譲・五港開港） 米英 ウェブスター・アシュバーン条約	幕府、薪水給与令に復す
一八四四・五	ホイッグ党大会、大統領候補指名得られず		
・七		米国・「清」 望厦条約	
・九	NY州知事選挙敗退（ホイッグ党）		オランダ国王、親書にて幕府に開国打診
一八四五・二		プラット下院議員、日本開国要請決議案	
・三		ポーク第十一代大統領就任（民主党）	
・四			米捕鯨船マンハッタン号、江戸湾来航
・十二		テキサス・連邦編入（「併合」）	
一八四六・五		対メキシコ、宣戦布告	
・六		米英 オレゴン条約（ビュキャナン・パッケナム条約）	
・七	バッファロー大学初代総長（一八七四年まで）		ビドル東インド艦隊司令官、コロンバス号、ヴィンセンズ号で浦賀来港
一八四七・十一	NY州会計監査官当選		

一八四八・五		米墨 グアダルーペ・イダルゴ条約（太平洋岸までの領土割譲）	
・六	ホイッグ党大会で副大統領候補指名	ホイッグ党大会、テイラーを大統領候補指名	
・十一	副大統領当選	テイラー候補大統領当選	
一八四九・二	NY州会計監査官辞任		
・三	副大統領就任	テイラー第十二代大統領就任（ホイッグ党）	
・四			プレブル号グリン艦長、長崎で米遭難船員引取り
・十二	上院議長として、討論司る	第三十一議会開会 テイラー大統領年次教書、カリフォルニアの自由州として受け入れ支持	
一八五〇・一		クレイ議員包括妥協案提出、上院で大論争	
・三		スワード上院議員処女演説（「憲法より高位の法」発言）	
・七	第十三代大統領就任（副大統領より昇格） 全閣僚入れ替え	テイラー急死 ウェブスター国務長官就任（二度目）	
・九	『一八五〇年妥協』実現	「一八五〇年逃亡奴隷法」成立 カリフォルニア州（自由州）連邦編入	
・十二	第一回大統領年次教書提出	教書で「一八五〇年の妥協」擁護	

同		グラハム海軍長官年次報告で太平洋航路の重要性指摘	
一八五一	年前半グリン艦長、大統領と面談		
・二		オーリック東インド艦隊司令官任命	
・五	オーリックに日本皇帝宛親書託す		
・六		国務長官発オーリック宛日本遠征訓令	
・十一		オーリック提督解任通告	
・十二	第二回年次教書提出	教書で「逃亡奴隷法」執行妨害を非難	
同	在蘭公使フォルサム発私信		
一八五二・三		ペリー提督、東インド艦隊司令官任命	
・四		上院、日本遠征隊を討議	
・六		フォルサム公使宛て、オランダ政府の支援要請訓令	
同	党大会で大統領候補指名獲得逃す	ホイッグ党大会、スコット将軍指名	
・七			クルチウス新出島商館長着任、再度日本に開国打診
同			『別段風説書』ペリー来航予告
・九		オランダ国王、米国日本遠征支援表明	
・十一	アナポリスにてペリー歓送	大統領選挙、民主党ピアース勝利	

同	日本皇帝宛親書ペリーに託す	コンラッド国務長官代行発ペリー宛訓令	
・十二	第三回年次教書	ペリー、ノーフォーク港日本向け出港	教書で日本遠征隊派遣言及
一八五三・二		オーリック、香港で艦隊司令官離任	
・三	大統領任期満了	ピアース第十四代大統領就任（民主党）	
同	夫人、ワシントンで死去 バッファローに戻る	ペリー、上海でマーシャル在中・弁務官と対立	
・七			ペリー、黒船艦隊、浦賀沖に投錨。久里浜にて幕府側に大統領親書手交 ロシア、プチャーチン提督来航
・十一			クルチウス出島商館長、長崎奉行と議論
・十二		ピアース大統領第一回年次教書	教書で日本遠征隊幕府と接触に言及
同		「ガズデンの購入」	
一八五四・二			ペリー、江戸湾再来訪
・三	南部地方歴訪 ～五月	ペリー、上海でマーシャル在中弁務官と対立	日米和親条約締結

・五		「カンサス・ネブラスカ法」成立	
・十二		ピアース大統領、第二回年次教書	教書で日米和親条約締結に言及
一八五五・一		ペリー、帰還	
・二			和親条約批准書交換・発効
・五	欧州旅行に出発		
一八五六・五	欧州滞在中、「アメリカ党」大統領候補指名受諾	ホイッグ党、共和党と第三党（アメリカ党）に分裂	
・八			ハリス領事、下田着任
・十一	大統領選挙、敗退	民主党、ビュキャナン勝利	
一八五七・三		ビュキャナン第十五代大統領就任（民主党）	
同		ドレッド・スコット事件最高裁判決	
一八五八・一		ペリー死去	
・二	マッキントッシュ女史と再婚		
・七			日米修好通商条約締結
同			ハリス、江戸に公使館
・十一		リンカーン、イリノイ州連邦上院選挙敗北	
・十二		ビュキャナン大統領第二回年次教書	教書で日米修好通商条約締結を報告
一八六〇・二			遣米使節団、出発

・五		共和党大会、リンカーン大統領候補指名	修好通商条約批准書交換
同		民主党、南部（候補ブレケンリッジ）と北部（候補ダグラス）に分裂	日米外交関係樹立 遣米使節団、連邦上院視察
・十一		大統領選挙、共和党リンカーン勝利	
・十二		ビュキャナン大統領、第四回年次教書	教書で日米外交関係樹立を報告
同		サウスカロライナ州、連邦離脱宣言	
一八六一・一			米公使ヒュースケン暗殺
・二	リンカーン次期大統領をバッファローで接遇	（南部）『アメリカ連合国』結成宣言	
・三		リンカーン第十六代大統領就任（共和党）	
同		国務長官にスワード任命	
・四		内戦（南北戦争）開始	
一八六三・七			米艦ワイオミング、下関砲撃
一八六四・九			米国、四国連合艦隊による下関砲撃参加
・十一	大統領選挙で「北部民主党」候補支持	リンカーン二期目当選（共和党）、六五年・三月に就任	

一八六五・四		南軍降伏	
同	リンカーン葬儀列車接遇委員長（バッファロー市）	リンカーン暗殺、スワード国務長官重傷 A・ジョンソン第十七代大統領就任（副大統領から昇格）	
・十二		憲法修正第十三条成立（奴隷制廃止）	
一八七二・六	岩倉使節団と会食		岩倉使節団、滞在先のナイアガラ・フォールス市でフィルモア饗応
・十		スワード元国務長官死去	
一八七四・三	死去（バッファローの自宅）		

注

はじめに

1　Griffis, William Elliot（1843–1928）. グリフィスは明治維新直後所謂「お雇い外国人」として訪日、教授をしていたが、その後日本、日本史、東アジア諸国を中心に多数の著作を残した。その内の一つは日本でも出版されている（『ミカド――日本の内なる力』亀井俊介訳、岩波書店、一九九五年）。なお、この本の訳者あとがきに「グリフィスには、他に、ペリー、ハリス、ヴァーベック、ブラウン、ヘップバーンなどに関する本もある」と記されているが、フィルモアについての論文と著作（注2および3参照）には言及はない。

2　Griffis, William Elliot, *Millard Fillmore and His Part in the Opening of Japan*, An Address delivered before the Buffalo Historical Society, December 15, 1905 Reprint, The Cornel University Library Digital Collections, 1993.

3　Griffis, William Elliot, *Millard Fillmore, Constructive Statesman, Defender of the Constitution, President of the United States*, Andrus & Church, Ithaca, NY, 1915; Reprint, Published, Hard-Press Publishing, Miami, FL, 2013.

4　Hawks, Francis L., *Narrative of the Expedition of an American Squadron to the China Seas and Japan: Performed in the Years 1852, 1853, and 1854, Under the Command of Commodore M.C. Perry, United States Navy, by Order of the Government of the United States*, Published by Order of the Congress of the United States, Washington, Beverley Tucker, Senate Printer, 1856〔以下、*Narrative*〕.（オフィス宮崎編訳『ペリー艦隊日本遠征記（上・下）』万来舎、二〇〇九年〔以下、『遠征記』〕。）編集者 Hawks, Francis L. の名での出版であるが、ペリーは「私の監修のもとに、また私の要請によって、私が提供した資料によって書かれた真実の記録である。私はこの記録を、自身の公式の記録として提出する。ここに記された諸事実の記述についての責任はすべて私一人が負うものである」〔『遠征記（上）』三三頁〕としている。

5　もっともペリーの報告書が世に出た翌年、ペリーの提案で遠征隊が派遣されたとする報告書の主張を史料によって批判した文書が存在する。Davis, George Lynn-Lachlan, "A paper upon the origin of the Japan Expedition", 7th of May, 1857, *Maryland Historical Society*, Baltimore; Printed by John Murphy & Co., 1860.

6　Miller, Hunter (ed.), *Treaties and other International Acts of the United States of America, Volume 6, Documents 152–172: 1852–1855*. United States Government Printing Office, Washington: 1942.

7　米国憲法第二章第三条。「大統領は、随時、連邦議会に対し連邦の状況（the state of the union）に関する情報を提供し、自ら必要かつ適切と考える施策について審議するよう勧告するものとする。」

序章

1　徳富猪一郎・蘇峰『近世日本國民史　第三十一巻　彼理來航及其當時』民友社、一九二九年、二〇八頁。

2　同書、二一〇頁。なお、この文につづけて「幕府では、漢文の原書と、その和譯と又た和蘭文からの和譯と、都合同じき文を三通りとしたる二冊の和解寫書を調整した」と記した。

3　Wilson, Ben, *Heyday: The 1850s and the Dawn of the Global Age*, Weidenfeld & Nicolson, London, 2016.

4　*Narrative*. [Howks, op. cit.]

5　オランダ在任期間は一八五三年十月十一日から一八五七年九月二十二日。ベルモントはペリーの娘婿にあたる。

6　オランダ在任期間は一八五〇年九月十六日の信任状奉呈から一八五三年十月十一日。

7　条約が実施された日すなわちハリスが江戸に米国公使館を開設した日（一八五九年七月四日）と批准書交換日（一八六〇年五月二十四日）の関係については第十一章注10参照。

8　米国におけるいわゆる「南北戦争（一八六一年四月－一八六五年四月）」は、連邦離脱を宣言した南部諸州が「アメリカ連合国（The Confederate States of America）」を樹立し独立を目指したことに対して、「合衆国」の正統政府がこれを反乱であるとして鎮圧した戦争である。この戦争を、「連邦」を維持・構成する北部諸州側は"The Civil War"（いわば「米国史上、特定の、唯一の、内戦」）、南部諸州は内戦ではなく「連邦」と「連合」の「戦争」という意味で「諸州間の戦争（The War Between the States）」と呼称した。

9　例えば、Siena College Research Institute の二〇一八年

ランキング（https://scri.siena.edu/wp-content/uploads/2019/02/Presidents-2018-Rank-by-Category.pdf）によれば、フィルモアは、現職（任期中で評価が定まっていない）と在職一か月で死亡したウィリアム・ハリソン（W. Harrison）第九代大統領を除けば、下から五位。

10 Strauss, Robert, *Worst. President. Ever.: James Buchanan, the POTUS Rating Game, and the Legacy of the Lesser Presidents*, Rowman & Littlefield, 2016.

11 Potter, David M., *Impending Crisis: America Before the Civil War, 1848-1861*, 1976, Reprint, Harper Perennial, 2011, p. 119. なお訳文中（　）は筆者による補足。

第一章

1 阿川尚之『憲法で読むアメリカ史（全）』筑摩書房、二〇一三年、一一一－一一三頁。

2 同書、一一三－一一四頁。Blum, et. al.（eds.）, *The National Experience: A History of the United States*, Harcourt, Brace & World, Inc. New York, 1963, p. 130, p. 203.

3 阿川、前掲書、一四二頁。Blum, et al., op. cit., p. 124.

4 阿川、前掲書、一一八頁。

5 Blum, et al., op. cit., pp. 203–205.

6 Ibid., pp. 212–213.

7 ちなみに、建国以来の大統領選挙で、選挙人の過半数を取った候補がおらず、下院の各州議員団によって決定された事例は後にも先にもこの一八二四年の選挙だけである。

8 Ibid., pp. 222–226.

9 清水博編『世界各国史8　アメリカ史（増補改訂版）』、山川出版社、一九八六年、一二四頁。

10 Blum, et al., op. cit., pp. 222–226.

11 Ibid., p. 229.

12 Ibid., p. 262.

第二章

1 Ibid., p. 260.

2 Remini, Robert, *Daniel Webster: The Man and His Time*, W. W. Norton & company, Inc., NY, 1997, pp. 579-580.

3 Ibid., p. 269.

4 Ibid. pp. 269–271.

5 Ibid., pp. 271–274.

6　当時の米捕鯨業界の日本への関心については、以下を参照。Dolin, Eric Jay, *Leviathan: The History of Whaling in America*, W.W. Norton & Company, NY, 2007, pp241-245.

7　Melville, Herman, *Moby-Dick: or the Whale*, Harper & Brothers, 1851, Chapter 24, p. 158.

8　加藤眞吾「ハーマン・メルヴィルの日本」『Seijo English Monographs』第四十二号、二〇一〇年、八三－九四頁、五十嵐博「『タイピー』を通して見る白鯨――直截な白人文明糾弾から象徴的断罪へ」『海――自然と文化』東海大学紀要海洋学部、第四巻、第三号、二〇〇六年、一五九－一六八頁。

9　Wiley, Peter Booth, *Yankees in the Land of the Gods: Commodore Perry and the Opening of Japan*, Viking, Penguin Group, NY, 1990, p. 31.

　エドモンド・ロバーツの日本関連動向については、以下を参照。Johnson, Robert Erwin, *Far China Station; The U.S. Navy in Asian Waters 1800-1898*, Naval Institute Press, 1979, p. 7; Dennett, Tyler, *Americans in Eastern Asia: A Critical Study of the United States with Reference to China, Japan and Korea in the 19th Century*, The MacMillan Company, NY, 1922, pp. 244-246.

10　Dennett, op. cit., p. 249.

11　Ibid., p. 250.

12　Johnson, op. cit., pp. 41-43.

13　オランダの対日戦略転換については第八章参照。

14　「これらの（テキサス併合、オレゴン属領の国境画定、米墨講和条約による割譲）領土の面積は一一九万三〇六一平方マイルに達し、これに対し、ロッキー山脈の東側の二十九州およびまだ州になっていない属領の広さは二〇五万九五一三平方マイルである。つまり最近獲得した領土の広さは……その獲得以前の合衆国の領域全体の約半分にも相当する」。（President Polk's Fourth Annual Message to Congress, December 5, 1848, The Congressional Globe, 30th Congress, 2d Session, Friday, December 8, 1848, pp. 3-13.）

15　Ibid.

16　Walker, R. J., Secretary of the Treasury, Report of the Secretary of the Treasury, Report on the Finances, December 9, 1848, Appendix to the Congressional Globe, 30th Congress, 2nd Session, p. 14.

17　Ibid., p. 15.

18　"If Congress, instead of observing the course of noninterference, ... or if, instead of extending the Missouri compromise line to the Pacific, shall prefer to submit the legal and constitutional questions ... to the decision of the judicial tribunals, ... an adjustment may be effected in this mode ... ”（President Polk's Fourth Annual Message, December 5, 1848, op. cit.）

第三章

1　フィルモアの「伝記」については、基本的には以下を参照した。Rayback, Robert J., *Millard Fillmore, Biography of a President*, American Political Biography Press, Newton, CT, 1992.; Scarry, Robert J., *Millard Fillmore*, McFarland & Company, Jefferson, NC, 2001; Crawford, John E., Compiled, *Millard Fillmore, A Bibliography; Bibliography of the Presidents of the United States, No.13,* Greenwood Press, Westport CT, 2002, pp. xix-xxiv.

2　フィルモアの生家跡に現在記念施設がある。所在地はシラキュース市とイサカ市の中間にあたる場所である。

3　Griffis, 1905, op. cit; Reprint, 1993, p. 58.

4　当時ニューヨーク州の北部で秘密結社「フリー・メイソン（Free Mason）」の内部抗争が一般市民に知られることになり、これに反発した反秘密結社世論を結集しようとした政党。

5　スワードの「伝記」については、基本的には以下を参照。Stahr, Walter, *Seward: Lincoln's Indispensable Man*, Simon & Schuster Paperbacks, NY, 2012.

6　Rayback, op. cit., pp. 79–82; Stahr, op. cit., p. 41.

7　一八四四年の選挙において、フィルモアは副大統領候補になれなかった代償として党よりニューヨーク州知事候補に指名されたが、その年はホイッグ党が不調であり州知事選挙も落とした。

8　第三十一議会の第一会期は一八四九年十二月三日に開会されたが、下院議長の選挙が長期間決着がつかず、十二月二十二日にようやく選任された。この結果議会が大統領年次教書が正式に受領し読み上げられたのは、十二月二十四日であった。（President Taylor's Annual Message to Congress, December 4, 1849, The Congressional Globe, 31st Congress, 1st Session, pp. 69–72, Appendix to the Congressional Globe, pp. 1–4.）

9　Remini, op. cit., pp. 579–581.

10　Arnold, Bruce Makoto, *Diplomacy Far Removed: A Reinterpretation of the U.S. Decision to Open Diplomatic Relations with*

Japan, The University of Arizona, 2005.

11 Chaiklin, Martha, "Monopolists to Middlemen: Dutch Liberalism and American Imperialism in the Opening of Japan" *Journal of World History*, Vol. 21, No. 2, June 2010, Published by University of Hawai'i Press. pp. 249-269.

12 Senate Debates, January 16, 1850, The Congressional Globe, 31st Congress, 1st Session, p. 164.

13 Senate Debates, February 21, 1850, Ibid., pp. 410-411.

14 Senate Debates, April 25, 1850, Ibid., p. 824.

15 Senate Debates, June 13, 1850, Ibid., pp. 1203-1204.

16 Palmer, Aaron Haight, "Revised Plan for Opening Japan, Submitted to the Government of the United States by Aaron Haight Palmer, Counsellor Supreme Court of the United States, in a Letter to Hon. John M. Clayton, Secretary of State. Washington, Sept. 17, 1849," *Documents and Facts Illustrating the Origin of the Mission to Japan, Authorized by Government of the United States, May 10, 1851; and which finally resulted in the Treaty Concluded by Commodore M. C. Perry at Kanagawa, Bay of Yedo, on the 31st March, 1854,* Washington: Henry Polkinhorn, Printer, 1857.

第四章

1 President Taylor's Annual Message to Congress, December 4, 1849. op. cit.

2 Potter, David M, *The Impending Crisis: America Before the Civil War, 1848-1861*, Harper Perennial, 1976; Reprint, 2011, pp. 92-93.

3 Ibid., pp. 96-97.

4 Nevins, Allan, *Ordeal of the Union, Volume 1: Fruits of Manifest Destiny, 1847-1852*, MacMillan Publishing Company, NY, 1947, pp. 265-266.

5 Remini, op. cit., pp. 669-672.

6 Stahr, op. cit., Chapter 5, "A Higher Law Than the Constitution," N.B. pp. 123-125.

7 スワードは奴隷制を直ちに廃止すべしという立場ではなく、拡大を認めなければ徐々に消滅するとの考えだったと言われる。いずれにせよ、その後彼はリンカーン大統領の国務長官として政権の中枢に位置しており、北部諸州が南北戦争に勝利し、奴隷解放を宣言し、やがて憲法修正十三条（一八六五年に成立）として奴隷制廃止が結実する過程において指導的地位にいた。しかし、その彼も一八五〇年の時点では、連邦の統一維持を優先した上院の多数派であった穏健派に対抗する少数派に属していた。

8 Potter, op. cit., p. 106; Nevins, op. cit., p. 334.

9 なお、「オムニバス法案」はフィルモア政権がまだ十分始動していなかった七月末、上院によって否決されクレイ議員自身の努力は水泡と帰した。

10 当時は国務長官、財務長官、陸軍長官、司法長官、郵務長官、海軍長官、内務長官の七人。

11 ウェブスター国務長官第一期については第二章（四五－四六頁）参照。

12 Potter, op. cit., p. 110; Remini, op. cit., pp. 683-688.

13 Potter, op. cit., p. 110.

14 Ibid., p. 109.

15 Finkelman, Paul, *Millard Fillmore*, The American President Series, Time Books, Henry Holt and Company, New York, 2011.

16 Potter, op. cit. なお著作名は筆者訳。

17 Ibid., p. 110.

18 「第三十一議会」の任期は形式的には一八四九年三月から一八五一年三月。当時の議会は、奇数年の三月に任期の始まる下院議員と一部新任を含む上院議員とで構成されたが、実際の会期は、その年の十二月から通常翌年の夏までが第一会期、偶数年の十二月から翌年の三月までが第二会期、という変則的な会期制が慣行として確立していた。

19 Potter, op. cit., p. 120.

20 President Fillmore's First Annual Message to Congress, December 2, 1850, The Congressional Globe, 31st Congress, 2nd Session, December 10, 1850, pp. 2-5.

第五章

1 Rayback, op. cit., p. 332.

2 第四章三節「「連邦」分裂回避の歴史的功績」九一頁及び注20参照。

3 Rayback, op. cit., p. 153, etc.

4 第三章四節「テイラー政権と日本」七三頁参照。

5 Rayback, op. cit., pp. 126-136.

6 ちなみに、最初の大陸横断鉄道は一八六三年に着工され、一八六九年に竣工した。

7 President Fillmore's First Annual Message to Congress,

December 2, 1850, op. cit., p2-3. 一八五〇年の「クレイトン・バルワー条約」は将来ニカラグアで運河を建設する際に既にニカラグアのメキシコ湾岸に勢力を及ぼしていた英国から邪魔されないように、運河が完成した時は広く開放するという趣旨の了解事項をふくんでいた。この条約の背景についてはWilson, op. cit., pp191-192参照。

8　Rayback, op. cit., p. 297.

9　President Taylor's Annual Message to Congress, December 4, 1849 op. cit.

10　「米国・ハワイ友好通商航海条約」、一八四九年十二月締結、一八五〇年八月発効、同年十一月フィルモア大統領布告。

11　President Fillmore's First Annual Message to Congress, December 2, 1850, op. cit., p. 4.

12　Report of the Secretary of the Navy, November 30, 1850, Appendix to the Congressional Globe, 31st Congress, Report of the Secretary of the Navy, p. 14.

第六章

1　オーリックの東インド艦隊司令官内示が一八五〇年十二月七日、正式任命は一八五一年二月十一日、ウェブスターの訓令は同年六月。（John H. Aulick（ca. 1791–1873）, Encyclopedia Virginia; http://www.encyclopediavirginia.org/Aulick_John_H_ca_1791-1873（Accessed on March 9, 2020）.）

2　"President of the United States to the Emperor of Japan," 32nd Congress, 1st Session, Senate Ex. Doc. No. 59, p. 82; Shewmaker, Kenneth E. and Stevens, Kennenth R.,（eds.）, *The Papers of Daniel Webster: Diplomatic Papers, Vol. 2 1850–52*, University Press of New England, Hanover, NH, 1987, p. 289.

3　Palmer, op. cit.

4　Shewmaker et al.（eds.）, op. cit., p. 290.

5　Onorato, Michael P., "The Opening of Japan, 1849–1854: America 'Finds the Key'", *Asian Studies, Journal of Critical Perspectives on Asia*, Vol. 6, No 3,（1968）, the Asian Center, University of the Philippines Diliman; Griffis, 1915, op. cit., p. 96; Finkelman, op. cit., p. 97.

6　Chaiklin, op. cit., p. 260.

7　『遠征記（上）』一八七‐一八八頁、ただし、〔　〕内は筆者訳。［*Narrative*, p. 77］

8　*Narrative*, p. 77.［『遠征記（上）』一九三頁参照、訳は筆者］

9　Davis, George Lynn-Lachlan, "A paper upon the Origin of the Japan Expedition", 7th of May, 1857, *Maryland Historical Society*, Baltimore; Printed by John Murphy & Co., 1860.

10　Palmer, op. cit.

11　一八五一年十二月には上院がこの提案を取り上げ、翌年一月にスワード商務委員長が本会議に報告書を印刷するべしと提案し、決議された。(Senate Debates, January 12, 1852, The Congressional Globe, 32nd Congress, 1st Session, p. 244.)

12　Senate Debates, March 30, 1860, The Congressional Globe, 36th Congress, 1st Session, p. 1451.

13　Onorato, op. cit., p. 291.

14　Shewmaker et al.,（eds.）op. cit., p. 290.

15　Ibid, p. 292.

16　Ibid, pp. 279-297.

17　"When the war ended in 1848, Perry was put on special duty in New York supervising the construction of ocean mail steamships." https://www.encyclopedia.com/people/history/us-history-biographies/matthew-calbraith-perry,（accessed on April 24, 2018）.『遠征記（上）』巻頭、加藤祐三「日本語版によせて」では、ペリーがこの提案を提出した当時は、「海軍省所管の郵政長官」であったとしている。

18　McOmie, William, *The Opening of Japan 1853-1855: A Comparaive Study of the American, British, Duteh and Russian Naval Expeditions to Compel the Tokugawa Shogunate to Conclude Treaties and Open Ports to Their Ships*, Global Oriental Ltd., UK, 2006, p. 57.

19　Perry, M. C., "Notes Having Reference to a Proposed Expedition." Submitted to Secretary of the Navy, William A. Graham, Washington, Jan. 27th, 1851, the William A. Graham Papers, #285, Southern Historical Collection, The Wilson Library, University of North Carolina at Chapel Hill.

20　Shewmaker, et al.（eds.）, op. cit., p. 188.

21　Ibid., pp. 289-292.

22　Ibid., p. 298, footnote.; Johnson, op. cit., p. 52.

23　Shewmaker, et al.（eds.）, op. cit., p. 298, footnote.

24　この訓令は、発出前の十月にウェブスターが死去したので、国務長官代行のコンラッドが、ケネディ海軍長官に対しペリーに転達するよう要請した形をとっている。

25　Journal of the Senate of the United States, The First Session of the 32nd Congress, Held in the City of Washington, December 1, 1851, Printed by A. Hamilton（Volume 43, 1852）,

March 4, p. 248.（ただし、米国議会図書館 HP 上の The Congressional Globe にはこの三月四日の議事録が欠損している。）

26　Wiley, op. cit., p. 38.

27　Senate Debates, April 12, 1852, The Congressional Globe, op. cit., p. 1044.

28　Message from the President of the United States, The Congressional Globe 32d Congress, 1st Session, Senate, Ex. Doc. No. 59, op. cit., p. 82.

29　Woods, James M., Expansionism as Diplomacy: The Career of Solon Borland in Central America 1853-1854, *The Americas*, Vol. 40, No. 3, January 1984, Cambridge University Press, pp. 399-415.

30　なお、遠征隊の出航の時点について、三月末時点ではペリーの出航準備はまだ整っていなかったので、ボアランドは下院での言及を誤解していたのであり、その点本人も後日認めた。

31　Senate Debates, April 8, 1852, The Congressional Globe, 32nd Congress, 1st Session, op. cit., pp. 941-948.

32　Senate Debates, April 8, 1852, The Congressional Globe, 32nd Congress, 1st Session, op. cit., pp. 1005-1007.

33　Senate Debates, April 1, 1852, The Congressional Globe, 32nd Congress, 1st Session, op. cit., p. 945.

34　ワイリーは、本件は四月一日の審議後、非公開会合で扱うこととなったと述べているが、実際は八日にも本会議の公開の場で討議が行われた。（Wiley, op. cit., p. 113.）

35　President Fillmore's 3rd Annual Message, December 6, 1852, The Congressional Globe, 32nd Congress, 2nd Session, op. cit., pp. 7-12.

36　歴代大統領の「年次教書」の中で JAPAN そのものに初めて言及したものは第八代大統領ヴァン・ビューレンの一八四〇年の「年次教書」で、外交部分ではなく米国海軍の活動について、米国捕鯨船がしばしば訪れる「サンドウィッチ諸島・ソシエテ諸島、ニュージーランドと日本沿海、その他の港や諸島」を巡回する任務を与えた軍艦について報告した箇所である。ただし、ここでは国としての日本ではなく、日本の沿海への言及。The Annual Message of President Van Buren, December 5, 1840, The Congressional Globe, 26th Congress, 2nd Session, p.6.

37　Johnson, op. cit., p. 52.

38　The Report of the Secretary of the Navy, December 4, 1852, Appendix to the Congressional Globe, 32nd Congress,

2nd Session, pp. 7–17.

39　Howarth, Stephen, *To Shining Sea: A History of the United States Navy, 1775–1991,* 1st Edition, Random House, 1991, p. 172.

40　Ibid., pp. 180–184.

41　Ibid., p. 182.

第七章

1　Johnson, op. cit., p. 52, footnote 2.

2　グラハム海軍長官は一八五二年六月ホイッグ党大会で副大統領候補に指名され、長官職を辞任した（第九章二〇二頁参照）。

3　Davis, op. cit., p.7–8; Shewmaker, et al.（eds.）. op. cit., p. 288.

4　Miller, Hunter,（ed.）, *Treaties and other International Acts of the United States of America,* Volume 6, Documents 152–172:1852–1855, United States Government Printing Office, Washington, 1942, p. 519.

5　Johnson, op. cit., pp. 50–53.

6　Miller, op. cit., p. 519.

7　Report of the Secretary of the Navy, Navy Department, November 29, 1851, Appendix to the Congressional Globe, 32nd Congress, 1st Session, pp. 18–22.

8　ただし、一八五二年四月に至ってフィルモアが、議会上院の求めに応じ日本遠征隊関連文書を提出した際、その中にオーリックに托した大統領親書も含まれていた。（Journal of the Senate, 1852, April 12, p. 344.; Executive Documents, The Senate of the United States during the First Session of the Thirty–Second Congress, 1851–52 Vol. IX, No. 59, p. 82.）

9　Davis, op. cit., p. 12.

10　“Perry in Japan a visual history.” Brown University Library Center for Digital Scholarship, https://library.brown.edu/cds/perry/people.perry.html, accessed April 6, 2020.

11　Johnson, op. cit., p. 59. なお、Shewmaker et. al., op. cit., p. 298. にはペリーにとって東インド艦隊司令官は第一希望でなかったことを示す資料がある。

12　Ibid., p. 59 on Mrs. Perry（Jane Slidell）. ペリー夫人は民主党有力政治家の家系であり、ペリーの娘婿は前述のオーガスト・ベルモント。

13　この漁業紛争は大統領が年末の「年次教書」で報告

の中で一時は軍事的衝突も危惧されたと間接的に述べたほど米英間の深刻な外交問題であった。静養地にいたウェブスター国務長官と相談する趣旨のフィルモアの一八五二年七月二〇日付書簡には、「海軍長官は蒸気艦ミシシッピー号であればニューファンドランド沖に派遣できると言ってきているが、同艦は（ウェブスター）長官もご存知のように、ペリー艦長の旗艦として近く彼の遠征隊に必要である」と述べているのみならず、さらに、ウェブスターからの書簡への返事として七月二九日付書簡では、「自分としては、ペリー艦長麾下のミシシッピ号を現場に派遣することを決め、……すでに昨日出航した」と述べた。このペリーの暫定的な任務について十二月の海軍長官年次報告書ではミシシッピ号の臨時の用務として八月いっぱいで終わり、九月初めには本来の用務に戻ったと記載されている。（Severance, Frank H.（ed.）, Millard Fillmore Papers Volume One, Publications of the Buffalo Historical Society, Volume X, Buffalo, 1907, P. 375, 381.）

14　この訓令は形式的にはケネディ海軍長官に対し遠征の目的を詳しく述べたものであり、その内容が、十一月十三日付で海軍長官よりペリーに「伝達」された。（Miller, op. cit., pp. 519 – 524.）

15　Perry, op. cit.

16　したがって浦賀に来航したときの黒船は四隻、うち蒸気船は三隻であったが、さらに翌五四年二月末、再度訪日し江戸幕府と交渉を進める段に至った時点では、東インド艦隊に遅れて合流した艦艇を加え総勢七隻の大艦隊（東インド艦隊のほぼ全てに近い数）を揃えていた。

17　Executive Documents, op. cit., p. 82.

18　Ibid., p. 82; Miller, op. cit., p. 517.

19　Miller, op cit., p527; *Narrative*, pp256–257.［『遠征記（上）』五六二－五六五頁。］

20　ペリーに対するコンラッド国務長官代行の事実上の訓令は一八五二年十一月五日付だったのに対し、同月十三日付大統領親書の副署がエヴェレット国務長官であるのは、エヴェレットが同月六日をもってコンラッド長官代行から国務長官職を引き継いだからである。国務長官の死去、新任の着任までの代行、新長官就任という人事の変動の時期にペリーに託された親書と同人宛訓令が相前後して記されたことは、両文書に対する国務長官の関与が薄かったことを示唆している。

第八章

1 *Narrative.*

2 『遠征記（上）』一六九頁。

3 国務省発フォルサム在オランダ公使宛公信、米国国立資料館資料、Diplomatic Instructions of the Department of State, M77, Roll 123, 1801-1906 RG-49, The National Archives, National Archives and Records Service, General Services Administration, Washington 1959.

フォルサム公使発本省公信、米国国立資料館資料、Despatches from United States Ministers to the Netherlands, 1794-1906, Microcopy No.42, Roll T-18, Volume 14, June 26, 1850 - October 24, 1853, The National Archives, National Archives and Records Service, General Services Administration, Washington, 1959.

一八五二年から五五年の間の日本関係外交文書を編纂した国務省文献 Miller, op. cit. を補足的に参照した。

4 Chaiklin, op. cit., pp. 254-255.

5 なお、オランダにとってこの頃のロシアの動き、特にプチャーチン提督を日本に派遣し開国を求めたことについて米国同様に自国の地位を脅かすものとして懸念していたが、プチャーチンが、ペリー浦賀来航の直後から再度来航の前まで、長崎において幕府との交渉にあたっていたことの幕府とオランダそれぞれに対する影響については、ここでは立ち入らない。プチャーチンをはじめとするロシアの動きについては歴史家ウィリアム・マッコミー（William McOmie）の『日本の開国一八五三－一八五五――徳川幕府に開港と条約締結を迫る米英蘭露の海軍遠征の比較研究』（Mcomie, op cit. 著作名は筆者訳）が包括的に扱っているので参考になる。

6 Despatches from United States Ministers to the Netherlands, op. cit., #0138, No. 31.

7 Despatches from United States Ministers to the Netherlands, op. cit., #0123, No. 29, "From the Amsterdam Handelsblad,（10 June 1852）（Translated）".

8 なお、フォルサムは公信本文でこの記事の出どころは、明らかに東インド経験者（an East Indian）であり、自分との面談で報道にあるのと同様な見解を述べていた今はアムステルダム在住の前東インド総督 Jan Jacob Rochussen であろうと推測している。

9 Despatches from United States Ministers to the Netherlands, op. cit., #0104, No. 25.

10　横山行徳「日本の開港とオランダの外交――オランダ外交文書試論」荒野泰典、石井正敏、村井章介編『アジアの中の日本史II　外交と戦争』東京大学出版会、一九九二年、三六六頁。

11　同論文、三六六頁の文末注24、三七五頁。

12　同論文、三六八頁。McOmie, op. cit., p. 66.

13　在任期間一八五一－一八五六年。前掲 Jan Jacob Rochussen の後任。

14　McOmie, op. cit., p. 66. なお、Hendrik Donker Curtius の日本語表記には資料によってドンクル＝キュルシウス、単にクルチウスと異同があるが、本書ではドンケル＝クルチウスと表記する。

15　嶋村元宏「阿部家旧蔵「別段風説書」について――ペリー来航前夜の世界情勢」『神奈川県立博物館研究報告　人文科学』第二十一号、十九－五二頁より、史料「百十五奴　嘉永五年壬子別段風説書　司天臺譯」。

16　このオランダの密命としての条約案の具体的内容については、*Narrtive*, p. 63–69. に克明に説明が加えられている。

17　McOmie, op. cit., pp. 67–69.

18　『遠征記（上）』一六〇頁。なお〔　〕内は *Narrative*, p. 65 に基づき筆者訳出。

19　Chaiklin, op. cit. この論文の表題 "Monopolists to Middlemen" にオランダの仲介者への変化という主張が込められている。

20　Diplomatic Instructions of the Department of State, op. cit., #0080, No.10,（to）George Folsom, Esq.,（from）Department of State, Washington, 27th Jan., 1852.

21　Ibid., #0081.

22　Despatches from United States Ministers to the Netherlands, op. cit., No. 25, 24 Feb. 1852.

23　Buffalo History Museum Research Library, M76–2, Millard Fillmore Papers, Microfilm Edition, Reel 32. From George Folsom to "The President of the United States."

24　Ibid. なお、一八五〇年七月から一八五三年三月までのフィルモア大統領在任期間中の、フィルモアからフォルサム宛の私信はバファロー歴史博物館図書館には存在しないとされている。

25　Legation of the United States, the Hague, 20 March 1852, Despatches from United States Ministers to the Netherlands, op. cit., No. 26.

26　No 12,（to）George Folsom Esq., Department of State,

Washington, 14th June 1852, Diplomatic Instructions of the Department of State, op. cit., #0081–0082, pp. 96–98.

27 Despatches from United States Ministers to the Netherlands, op. cit., No.31, 4 July 1852.

28 *Narrative*, p. 66.

29 The Hague 14 July 1852, Despatches from United States Ministers to the Netherlands, op. cit., No. 32.

30 The Hague, 20 July 1852, Despatches from United States Ministers to the Netherlands, op. cit., No. 33.

31 一八五二年九月二〇日、オランダ国王の議会新会期初日の開会演説、日本関係部分。（Despatches from United States Ministers to the Netherlands, op. cit., No. 35, September 23rd 1852.）

32 オランダは、一八五一年四月三〇日付の在米オランダ公使より国務長官宛口上書にて米国政府に、「日本帝国」の政府より、日本は薪水を求めて来航する外国船に所要の供給を行うのが方針であることを伝達するよう要請され、ここに右伝達するとの趣旨を述べている。（Note Verbal from Charge d'Affaires at Washington, Baron Francois Mathieu Wenceslas Testa, addressed to Secretary of State, Webster, April 30, 1851, pp. 533-534. Miller, op. cit., Volume 6, Documents 152–172.）

33 President Fillmore's 3rd Annual Message to Congress, December 6, 1852 The Congressional Globe, 32nd Congress, 2nd Session, pp. 7–12.

34 「インド諸島総督」の用語は『遠征記（上）』一六八頁のまま。原著では"the Dutch governor general of the Indies."（*Narrative*, p. 69.）

35 *Narrative*, p. 69.［『遠征記（上）』一六八－一六九頁。］

36 "Perry's letter to Secretary of the Navy Dobbin, May 6, 1853", McOmie, op. cit., pp. 80–81.

37 松方冬子「一八五三（嘉永六）年の別段風説書蘭文テキスト」『東京大学史料編纂所研究紀要』第十八号、二〇〇八年、一一－一一七頁、松方、前掲書、一七〇－一七二頁。

38 加藤祐三『幕末外交と開国』講談社、二〇一二年、八七頁（一八五三年七月ペリー発書簡よりの引用）。なお、加藤は原典を引用していないが、原典はペリーより「日本国皇帝」に宛てられた、一八五三年七月十四日付書簡、Message of the President, Congressional Globe, 33rd Congress, 2nd Session, Senate, Ex. Doc. No. 34, op. cit., p. 54.

39 加藤、前掲書、八八－一二〇頁。

40　McOmie, op. cit., pp. 199–225.

41　加藤、前掲書、一二〇－一二九頁。なお、マッコミーは、加藤が明らかにしているペリー再来までの間の長崎における幕府とオランダ出島商館長のやり取りについては言及していない。

42　加藤、前掲書、一二一頁。

43　クルチウスと長崎奉行の対話の引用符の部分は、加藤、前掲書、一二一－一二七頁より引用。

44　加藤、前掲書、一二七頁。

45　*Narrative*, pp. 63–69.［『遠征記（上）』一五八－一六九頁。］

46　William Speiden Journals, Part 4: 3 July 1854 to 29 July 1858, A timeline of the homeward voyage of the U.S. steam frigate Mississippi, from the China Seas to America, Library of Congress Collection, https://www.loc.gov/collections/william-speiden-journals/articles-and-essays/voyage-of-mississippi-to-china-seas-and-japan/july-3-1854-to-july-29-1858/ (accessed on March 10, 2020.)

47　Vernon, Manfred C., The Dutch and the Opening of Japan by the United States, *Pacific Historical Review*, Vol.28, No.1 (Feb., 1959) pp. 39–48, see p. 48.

48　Vernon, op. cit., p. 47.

49　Perry, op. cit., p. 1.

50　*Narrative*, p. 69.

第九章

1　Blum et.al. op. cit., p. 282.

2　Potter, op. cit., P. 113. なお同書第五章（九〇－一二〇頁）の表題は「一八五〇年の休戦」となっている。

3　Nevins, op. cit., pp. 78–159.

4　Potter, op. cit., Chapter 6.

5　Ibid., p. 113.

6　第四章第二条第三項。ただし、一八六五年の憲法修正第十三条において「奴隷制度ならびに非自発的な苦役は合衆国ならびにその管轄権が及ぶ地域では、これを禁ずる」とされ、廃止された。

7　Ibid., p. 113, p. 130, Footnote 17.

8　Finkelman, op. cit., pp. 120–121.

9　Potter, op. cit., p. 132.

10　President Fillmore's First Annual Message to Congress, December 2, 1850, op. cit.

11 President Fillmore's Second Annual Message to Congress, December 2, 1851, the Congressional Globe, 32nd Congress, 1st Session, p. 20.

12 Stahr, Walter, *Seward: Lincoln's Indispensable Man*, Simon & Schuster, NY, 2012, p. 65, p. 69.

13 Ibid., p. 81.

14 Ibid., pp. 99–105.

15 Senator Seward's Speech in the Senate, March 11, 1850, The Congressional Globe, 31st Congress, 1st Session, p. 20; Appendix to the Congressional Globe, 31st Congress, 1st Session, p. 260–269. このスワードの演説は三時間に及んだが、議事録本体ではそのことが言及されており、演説全文は議事録の「付属資料（Appendix）」に掲載されている。

16 Potter, op. cit., p. 140.

17 Finkelman, op. cit., pp. 129–130.

18 Wiley, op. cit., p.118.

19 第三十二議会は一八五〇年十一月の選挙で選出されて一八五一年十二月に第一会期開催、第二会期は、一八五三年三月まで。

20 President Fillmore's 3rd Annual Message to Congress, December 6, 1852, op. cit.

21 Report of the Secretary of the Navy, December 4, 1852, Appendix to the Congressional Globe, 32nd Congress, 2nd Session, pp. 7–17.

22 Ibid., p.9.

第十章

1 *Narrative*, p. 114.［『遠征記（上）』二六六頁。］「ミシシッピ号は二月二十八日にポート・ルイスを出発し、……十三日後の三月十日の夕方に、セイロン島のゴール岬に着いた。」

2 Nevins, op. cit., Vol. 1, Part 2, pp. 43–51.

3 Potter, op. cit., p. 182. なお、「ガズデン条約」は一八五三年十二月末署名、五四年六月批准。

4 Ibid., pp. 152–198.

5 Ibid., p. 181.

6 Nevins, op. cit., pp. 64–69.

7 Rossiter, op. cit., p. 250.

8 The Report of the Secretary of the Navy, December 5, 1853, Appendix to the Congressional Globe, 33rd Congress, 1st

Session, pp. 13-14. ドビン海軍長官は、一八五三年度年次報告において、「大統領親書」が幕府側に手交されたと事実関係に言及しているが、署名した大統領の名前は明示していない。

9 Rossiter, op. cit., p. 248.

10 Johnson, op. cit. p. 62; McOmie, op. cit., p. 122.

11 McOmie, op. cit., pp. 79–80.

12 Johnson, op. cit., pp. 61–62.; McOmie, op. cit., pp. 79–80.

13 McOmie, op. cit., pp. 79–80.

14 *Narrative*, pp. 148-9. [『遠征記（上）』三三四頁。]

15 一八五三年十月二十八日付、ドビン長官発ペリー宛書簡、金井圓訳『ペリー日本遠征日記』雄松堂出版、一九八五年［以下、『ペリー日記』］二六二－二六三頁。

16 Rossiter, op. cit., p. 248.

17 Johnson, op. cit., p. 65.

18 ペリー発ドビン海軍長官宛一八五四年一月十四日付け返信、『ペリー日記』二六四－二六五頁。

19 同前。

20 一八五四年末の時点での東インド艦隊全容についてはThe Report of the Secretary of the Navy, December 4, 1854, Appendix to the Congressional Globe, 33nd Congress, 1st Session, pp. 19–25.

21 *Narrative*, p. 85.

22 Ibid., p. 87.

23 Ibid., pp. 151–196.

24 Ibid., pp. 197–217.

25 Ibid., pp. 215–227.

26 McOmie, op. cit., p. 86.

27 『ペリー日記』二七三－二八二頁。ペリーと英国香港総督ボンハム卿の面談についての記述と往復書簡参照。

28 *Narrative*, p. 212. “Notes with respect to the Bonin Islands.”『遠征記』の第十章「ボニン（小笠原）諸島の踏査」末尾（四七三－四七五頁）に、『遠征記』の草稿が完了した後にペリーが提示した、小笠原諸島が米国からの太平洋航路、さらには米国捕鯨船にとっての補給基地として重要であり米国が入植すべきと考える旨のメモが付属されている。

29 『遠征記（下）』第十五章「三度目の琉球訪問」参照。

30 一八五四年五月のドビン海軍長官発返信に引用されているが、『遠征記』あるいは『ペリー日記』いずれにも言及がない。後者の二八八－二九三頁には、那覇出向直後の海上でドビン長官宛報告という形で「大島」列島についての報告がある。

31 "Secretary of the Navy to Commodore Perry, Navy Department, May 30, 1854." *33rd Congress, 2nd Session, Senate, Ex. Doc. No. 34; Message of the President of the United States transmitting A report of the Secretary of the Navy, in compliance with a resolution of the Senate of December 6, 1854, calling for correspondence, etc., relative to the naval expedition to Japan.* pp. 112–113.

32 "Perry's Letter to His Majesty the Emperor of Japan," July 7th, 1853, Millor op. cit., pp. 560–561.（一八五三年七月七日付ペリー発「日本国皇帝陛下」宛書簡、『ペリー日記』一九七頁。）

33 President Pierce's First Annual Message, December 5, 1853, The Congressional Globe, 33rd Congress, 1st Session, pp. 8–12.

34 Report of the Secretary of the Navy, December 5, 1853, op. cit.

35 President Pierce's Second Annual Message to Congress, December 4, 1854, The Congressional Globe, Appendix to the Congressional Globe, 33rd Congress, 2nd Session, pp. 1–6.

36 Report of the Secretary of the Navy, December 4, 1854, op. cit.

37 Ibid.

38 『ペリー日記』四二八頁。

39 Nevins, op. cit., Vol. 1, Part II, p. 80.

40 第四章三節「「連邦」分裂回避の歴史的功績」参照。

41 Potter, op. cit., p. 176. なお、「カンサス・ネブラスカ法」がもたらした南北間の対立の激化の過程一般については、以下参照。"*A Railroad Promotion and Its Sequel,*" Potter, op. cit., pp. 145-176.; "*Disaster: 1854*", Nevins, op. cit., Vol. 1, Part II, pp. 78-121 .

第十一章

1 Blum, et al.（eds.）, op cit., pp. 294–295.

2 例えば、一八六一年二月リンカーン次期大統領が就任のためワシントンに向かう途次各地を回った際バッファローにも立ち寄ったがフィルモアが市を代表し次期大統領を接遇した。（"First Citizen of Buffalo", Rayback, op. cit., pp. 431–445, Chapter 24.）

3 Strauss, Robert; *Worst. President. Ever. James Buchanan, the POTUS Rating Game, and the Legacy of the Lesser Presidents*, Rowman & Littlefield, 2016.

4 Howard, Benjamin C., A Report of the Decision of the

Supreme Court of the United States and the Opinion of the judgement thereof, in the case of Dred Scott vs. John F. A. Stanford, December term, 1856. NY, D. Appleton, 1857.

5 ドレッド・スコット事件については、阿川、前掲書、第十章「ドレッド・スコット事件」、一五八－一七四頁に詳しい。

6 阿川、前掲書、「リンカーン・ダグラス討論」の項、一八三－一八八頁。

7 渡辺、前掲書、二一七－二二五頁。McOmie, op. cit. p. 442.

8 石井孝『日本開国史』吉川弘文館、一九七二年、二〇九－二一一頁。

9 一八五八年一月、ビュキャナン大統領による指名を上院が承認し、公使に任命された。Griffis, William Elliot; *Townsend Harris: First American Envoy in Japan*, Boston, Mifflin and Company, Cambridge, 1895, p. 322.

10 条約発効日について、第十四条が、条約は批准書交換を一八五九年七月四日あるいはそれ以前にワシントンで行うことで発効する。ただし、予見できない事情により、この日あるいはそれ以前に批准書が交換されない場合でも、条約は当該日に発効する、と規定した。なお、この条約の批准書交換は一八六〇年五月二十四日ワシントンで行われた。

11 一八三二年オランダ生まれ。親と米国移住、国籍取得。ハリスに請われ通訳として同行。

12 徳富蘇峰『近世日本国民史遣米使節と露英対決篇』講談社、一九九一年、「ヒュースケンの暗殺とその後の波瀾（1－3）」三二九－三三九頁参照。

13 ハリスの下田及び江戸における行動については、村上文樹『開国史跡玉泉寺』玉泉寺ハリス記念館、二〇〇八年。

14 徳富蘇峰、前掲書、一〇三頁。

15 Senate Debates, April 4, 1860, The Congressional Globe, 36th Congress, 1st Session, p. 1547; Senate Debates, April 18, 1860, ibid., p1770.

16 「副使村垣範正記述航海日記　中の巻（華盛府へ廻上より紐育出帆まで）」『萬延元年第一遣米使節日記』日米協会、大正七年、一〇四－一〇八頁（国立国会図書館デジタルコレクション http://dl.ndl.go.jp/info:ndljp/pid/953175 にて閲覧）。なお、遣米使節団日記中の日月は陰暦であるが、それをそのまま陽暦に直すと一日ずれがある、日付変更線の概念がなかったことが理由と思われる。

17　この年の十二月のビュカナン大統領の年次教書で日本使節団来訪について記述した個所で、「批准書交換が五月二十二日に行われ、条約は「翌日」「公布された」と記している。

18　同書、一二八－一二九頁。

19　遣米使節団が傍聴した上院本会議（とその前日の）討議模様は、第三十六議会第一会期（一八六〇年三－七月）議事録五月二十三日上院会合（Senate Debats, May 22, May 23, The Congressional Globe, 36th Congress, 1st Session, pp. 2226-2249, pp. 2264-2279）より。

20　"I say disunion is imminent if a Republican is elected. I believe, though he may be inaugurated–and that will depend upon some of these States around here–he will never be the President of thirty-three States of this Union."（Senate Debats, May 22, Ibid., p. 2241.）

21　Senate Debates, May 23, Ibid., p. 2276.

22　House Debates, May 22, 1860, The Congressional Globe, 36th Congress, 1st Session, p. 2264.

23　President Buchanan's 4th Annual Message to Congress, December 3, 1860, Appendix to the Congressional Globe, 36th Congress, 2nd Session, pp. 1-7.

24　「日本について／一八五八年七月二九日江戸で締結された日本との間の条約の批准書交換がさる五月二十二日ワシントンで交換され、翌日条約が公布された。この条約の保護と影響の下で我々とかの遠方にある興味深い人々との間の貿易と交流が急速に増大することが期待できると信じる。／この条約の批准書は稀にみる厳粛さをもって交換された。大君はこのために、三名の高貴なる臣下を特命全権公使として信任したが、彼等使節は米国の政府と国民により際立った敬意と厚情をもってもてなされた。彼らがこの度の米国訪問を終え、大いなる満足の念と米国に対する最高の友情の念をもって帰国したことは全く疑いがない。／条約の言葉にあるように、「向後日本大君と亜米利加合衆国と世々親睦なるへし」ことを強く希望する。」

終章

1　Rayback, op. cit., pp. 427-428.

2　一八二六年生まれ。一八六一年十一月から翌年三月まで連邦軍（北軍）総司令官。

3　Rayback, op. cit., pp. 427–430.
4　Abraham Lincoln's Second Inaugural Address, March 4, 1865, https://www.loc.gov/resource/mal.4361300/?sp=2（米国議会図書館ＨＰより）
5　例えば、Finkelman, op. cit.
6　Potter, op. cit., p. 119.

後日譚

1　久米邦武編、大久保喬樹訳注『（現代語縮約）特命全権大使　米欧回覧実記』ＫＡＤＯＫＡＷＡ、九二－九五頁。
2　"The Japanese", Sat. June 15, 1872, The Buffalo Commercil, Buffalo, NY, https://buffalohistorymuseum.newspapers.com/image/264559690. バッファロー歴史博物館。
　当該箇所の原文邦訳「一行は昨晩六時にフィルモア元大統領を賓客として会食した。元大統領は一行よりの特別な招待を受け、午後の汽車で（ナイアガラ・フォールズへ）行った。」
3　久米邦武編、田中彰校注『特命全権大使　米欧回覧実記　（一）』岩波書店、一九七七年、二八七頁。

著者紹介

大島正太郎《おおしましょうたろう》

国際経済研究所理事長（2013 年 -）
1943 年東京生まれ
1968 年外務省入省、本省及び在外公館（在タイ・イスラエル・米国・ロシア・サウジアラビア・韓国・大使館、在ジュネーブ政府代表部）勤務、2008 年に退官。2008-12 年、世界貿易機関（WTO）上級委員会委員、2012-13 年、内閣官房内閣審議官。
2008-15 年 東京大学公共政策大学院客員教授
2009-17 年 政策研究大学院大学客員教授

日本開国の原点
ペリーを派遣した大統領フィルモアの外交と政治

2020 年 4 月 23 日　第 1 刷発行

定価（本体 3000 円＋税）

著　者　大　島　正　太　郎
発行者　柿　﨑　均
発行所　株式会社 日本経済評論社
〒101-0062 東京都千代田区神田駿河台 1-7-7
電話 03-5577-7286　FAX 03-5577-2803
E-mail：info8188@nikkeihyo.co.jp
振替 00130-3-157198

装丁・オオガユカ
（ラナングラフィカ）　印刷・文昇堂／製本・誠製本

落丁本・乱丁本はお取り換え致します　Printed in Japan

ISBN978-4-8188-2561-1 C1022